Bibliothek der Orakel

Bᴵʙʟɪᴏᴛʜᴇᴋ ᴅᴇʀ Oʀᴀᴋᴇʟ
Eɴɢᴇʟ-Kᴀʀᴛᴇɴ
Hrsg. v. Johannes Fiebig

Zu diesem Buch

Engel sind himmlische Energien, die uns in guten und in schlechten Zeiten beistehen. Sie bauen eine Brücke von Herz zu Herz. Und sie helfen uns, unsere besten Talente und unsere wahren Wünsche zu erkennen. Aus ihren heilsamen Kräften können wir schöpfen und für unser Leben neue Einsichten gewinnen.

Die beiliegenden Karten mit faszinierenden Engelbildern im Stil der Ikonenmalerei bieten Inspiration und Orientierung. Sie erleichtern die persönliche Begegnung mit der Kraft der Engel im Alltag.

Bestsellerautorin Pia Schneider (über 120000 verkaufte Orakel-Bücher) und Engel-Expertin Ruth Kendell meistern mit viel Feingefühl den Spagat zwischen religiösen Traditionen und moderner Orakel-Praxis.

Erstmals beschreiben sie in diesem Buch die Auslage »Der Weg« mit ganz konkreten Ratschlägen. Bei jeder Karte ist eine Buchseite dieser Auslage gewidmet; was die einzelnen Karten bedeuten und worin jeweils die praktischen Engels-Botschaften liegen können, wird Punkt für Punkt erläutert.

Eine perfekte Starthilfe für Einsteiger. Und ein spannendes Deutungsangebot für Fortgeschrittene

Pia Schneider · Ruth Kendell

Engel-Karten

Orakel · Beratung · Lebenshilfe

KÖNIGSFURT-URANIA

Aktualisierte, erheblich erweiterte und farbig illustrierte Neuausgabe des Titels von Ruth Kendell: Engel – Himmlische Zeichen deuten und verstehen.

Hinweis: Die Informationen in diesem Buch sind sorgfältig und nach bestem Wissen recherchiert. Eine Garantie kann von Autor und Verlag dennoch nicht übernommen werden; eine Haftung für Personen-, Sach- und Vermögensschäden ist ausgeschlossen.

Bibliografische Informationen der Deutschen Bibliothek
Die deutsche Bibliothek verzeichnet diese Publikation in der
Deutschen Nationalbibliografie; detaillierte bibliografische Daten
sind im Internet über http://dnb.ddb.de abrufbar.

Neuausgabe
Krummwisch bei Kiel 2011

© 2011 by Königsfurt-Urania Verlag GmbH
D-24796 Krummwisch
www.koenigsfurt-urania.com
www.tarot-online.com

Abbildungen Umschlag und Inhalt: Ikonen-Engel / Karma Angels, mit freundlicher Genehmigung von Lo Scarabeo, Turin.

Umschlaggestaltung: Jessica Quistorff unter Verwendung der folgenden Bilder von Fotolia »fairy forest« © vsurkov und »beauty frame« © aalto
Schmuckelemente: Hermann Betken unter Verwendung der Abbildung »beauty frame« © aalto, Fotolia
Satz und Layout: Antje Betken, Oldenbüttel
Druck und Bindung: Aalexx Buchproduktion, Großburgwedel
Printed in EU

ISBN 978-3-86826-726-6 (Set: Buch und Karten)

INHALT

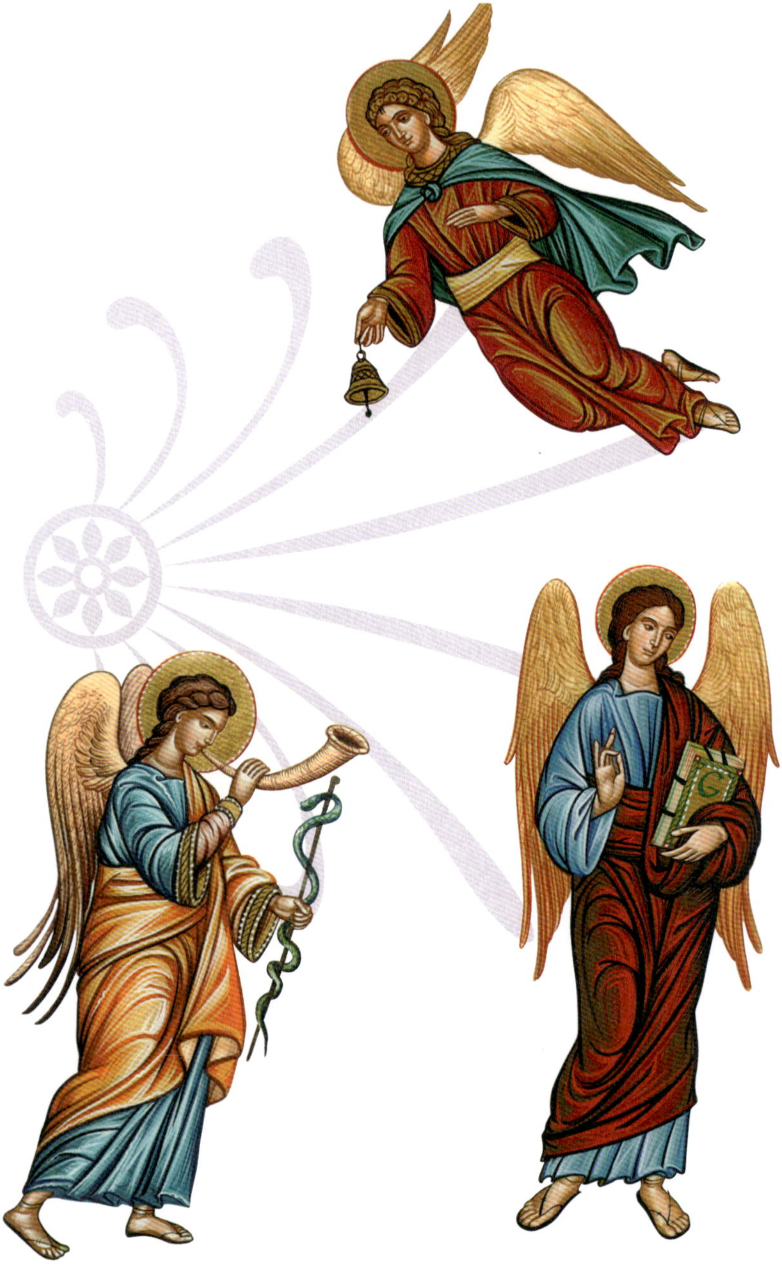

Zur Einführung

Jeder Mensch hat einen Engel, jeder Mensch braucht hin und wieder einen Engel. Und jeder Mensch kann auch zu einem »Engel« für sich und seine Mitmenschen werden.

Engel sind himmlische Energien, die uns in guten und in schlechten Zeiten beistehen. Sie begleiten uns – nicht nur wenn wir traurig, verzweifelt oder verängstigt sind. Engel helfen uns, unsere besten Talente und unsere wahren Wünsche zu erkennen. Sie geben Liebe, Wärme, Geborgenheit, sie heilen Wunden und Krankheiten und reparieren gebrochene Herzen. Sie werden zum Schutzengel, wenn Unheil droht, und erweisen sich als wundersame Helfer, wenn wir die Gipfel des Lebens erklimmen.

Engel vermögen es, auch aus dem Negativen das Positive herauszuholen. Sie lassen niemanden im Stich. Denn Engel sind dafür da, zu schlichten, zu helfen, zu ermutigen, zu heilen, zu handeln – und Glück, Liebe und die Freude am Leben neu zu schenken. Diese Eigenschaften machen Engel so beliebt, und diese Fähigkeiten wollen wir daher im Alltag nutzen und mehren.

Engel werden verehrt, angebetet und angerufen. Der Glaube an Engel ist auch Menschen gegeben, die nicht an Gott glauben und keiner Religion angehören. Entdecken auch Sie die Kraft der Himmelsboten für sich. Die Engel-Karten möchten Sie dabei unterstützen.

Vom Himmel hoch …

Das Wort »Engel« (englisch *angel*) ist abgeleitet vom griechischen Wort »angelos«, was Bote oder Gesandter bedeutet. In den meisten Religionen, Zivilisationen und Kulturen gab es und gibt es Boten, Mittler zwischen Himmel und Erde, zwischen dem Göttlichen und dem Menschen.

Schon in den ältesten orientalischen Hochreligionen der Assyrer und Sumerer ist die Welt erfüllt mit göttlichen Geistwesen, die auf-

und niedersteigen. Später leitet sich daraus in der Bibel zum Beispiel das Bild von der Jakobsleiter ab:

»Da hatte er [Jakob] einen Traum: er sah eine Treppe, die auf der Erde stand und bis zum Himmel reichte. Auf ihr stiegen die Engel Gottes auf und nieder. Und siehe, der Herr stand oben und sprach: ich bin der Herr, der Gott deines Vaters Abraham und der Gott Isaaks« (Gen. 28, 12 bis 13).

In der Bibel werden Engel an vielen Stellen erwähnt, vom ersten Buch des Alten Testaments bis zum letzten Buch des Neuen Testaments. Und sie sind nicht nur Randfiguren, sondern greifen in das irdische Geschehen ein. Sie verkünden, überbringen oder erklären himmlische Visionen, sie erscheinen in Träumen, sie mahnen, sie ermuntern, sie fordern auf, etwas zu tun, sie erlösen aus Schwierigkeiten und befreien aus Gefangenschaft.

Auch der Islam kennt ganz ähnliche Engel-Vorstellungen. Dort werden die Boten *Malaika* genannt – ein Wort, das recht häufig im Koran vorkommt. Der Überlieferung nach wurde die heilige Schrift des Islam, eben der Koran, dem Propheten Mohammed vom Engel Gabriel diktiert.

Die Wiederkehr der Engel

Im Zuge der Gegenreformation (16. / 17. Jahrhundert) rückten Schutzengel immer weiter in irdische Gefilde vor. Die Engelverehrung nahm in den katholischen Kirchen, besonders in der Barockzeit, oft riesige Ausmaße an.

Im 19. Jahrhundert entfernten sich die Engel in Europa dann zunehmend von ihrer kirchlich-sakralen Herkunft. Umso mehr wurden sie als weltliches Motiv beliebt und von esoterisch-theosophischen Kreisen entdeckt. Die Engel waren nun, ab 1850, passender Ausdruck für innere Vorgänge und galten bald als Sinnbilder für die Mächte dieser Welt.

Das 19. Jahrhundert erlebte bald eine Manie in Sachen Schutzengel, die nahezu alle Bevölkerungskreise erfasste. Engel fanden auf Tellern,

Bildern und Wandtafeln einen geradezu inflationären Eingang in den häuslich-familiären Bereich, und sie bevölkerten als Grabplastiken nunmehr die Friedhöfe. In der ersten Hälfte des 20. Jahrhunderts, bis in die 1970er und 1980er Jahre, galten Engel oftmals als Kitsch und wurden in der Kunst wie im Alltagsleben eher diskreditiert. Doch seit etwa 20 Jahren gibt es eine regelrechte Engel-Renaissance. In den 1990er Jahren wurden die geflügelten Wesen erneut zu Kultfiguren.

Seitdem hat sich auch herumgesprochen, dass der »Himmel«, von dem die Engel erzählen, ein Symbol, eine Metapher darstellt: Himmel – das ist das Reich Gottes, außerdem die Welt des Geistes und der Geister, manchmal auch der Gespenster. Und nicht zuletzt ist der Himmel ein Spiegel unserer Sehnsüchte und Leidenschaften: »Des Menschen Wille ist sein Himmelreich«!

Tägliche Erfahrung

Die Engel, die in diesem Buch vorgestellt werden, gehen auf die esoterisch-theosophischen Traditionen des 19. Jahrhunderts zurück. Ziel der vorliegenden Schrift ist es, die Vielfalt der Engel in einem repräsentativen Ausschnitt darzustellen. Dieses Engelbuch möchte dazu beitragen, Informationen über Engel zu verbreiten und die Herzen der Menschen ein wenig mehr zu öffnen.

Wer bereit ist, die Weisheit der Engel zu hören und anzuwenden, wird selber froher und strahlender werden. Engel können uns letztlich keine Probleme abnehmen – doch sie können uns die Lösung erleichtern.

Durch die Kombination mit den Karten ergibt sich die Möglichkeit, in einem Orakel die Engel zu befragen. Die Begegnung mit der Schönheit, der Kraft und der Liebe der Engel wird so von einem seltenen Ausnahmeerlebnis zu einem täglichen Erlebnis, das seinen festen Platz im Tagesablauf hat.

Die Befragung des Engel-Orakels

Mit der Befragung des Orakels können wir uns intuitiv auf die heilende Energie der Engel einstimmen und eine Kontaktaufnahme mit der himmlischen Welt herbeiführen. Das Engel-Orakel macht die Begegnung mit der Schönheit und Weisheit, der Kraft und der Liebe der Engel zu einer bewusst herbei geführten, täglichen Erfahrung.

Wenn Sie mit dem Engel-Orakel arbeiten, werden Ihnen innere Führung und spirituelle Erkenntnis zuteil. Die Karten helfen Ihnen, sich auf höhere Schwingungen – auf die Frequenz der Engel – einzustimmen. So werden Sie mit Ihnen leicht und dauernd in Verbindung stehen. Sie werden die helfenden Hände der Engel stets spüren.

Die Zukunft kann das Engel-Orakel allerdings nicht vorhersagen. Denn die Zukunft liegt in Ihren eigenen Gedanken und Entscheidungen, und sie liegt bei Gott. Nichts Zukünftiges ist bereits jetzt unwiderruflich festgelegt. Wenn Sie der Inspiration durch die Engel folgen, erheben Sie Ihr Bewusstsein und entwickeln sich auf eine höhere Ebene. Damit ziehen Sie automatisch auch Menschen und Situationen an, die einer höheren Schwingungsebene (einer höheren Entwicklungsstufe) angehören.

Wenn Sie sich in eine Meditation versenken und dabei sich auf die spirituellen Ratschläge der Engel, wie sie durch die folgenden Orakel geboten werden, konzentrieren, beginnen Sie sich innerlich zu öffnen. Es ist sicher, dass diese Arbeit, wenn Sie sie kontinuierlich ausführen, Ihnen helfen wird, alte negative Gedankenmuster loszulassen, emotionale Blockaden aufzulösen und neue Tore zu öffnen.

Das Engel-Orakel bringt Licht in Ihr Bewusstsein, und Licht birgt spirituelles Wissen oder sogar Weisheit.

Zum praktischen Vorgehen

Eine gute Vorbereitung für die Befragung des Engel-Orakels ist es, zu beten oder zu meditieren. Innehalten, zur Ruhe kommen, schweigen – diese Momente sind dabei genauso wichtig, wie im Gebet seine Wünsche und Ängste sich und dem Himmel einzugestehen und wie in der Meditation alle Gedanken fließen zu lassen, auf dass der Kopf leer und das Herz leicht werde.

Beim Meditieren bringen Sie Ihre Gedanken zum Schweigen, so dass die Stimme »Gottes« deutlicher zu hören ist.

In diesen Augenblicken der Stille, in denen das ununterbrochene Geplapper unserer Gedanken und das noch lautere Geschwätz unserer Emotionen verstummen, lassen die Engel, jene Boten Gottes, heimlich und leise die schönsten Inspirationen, Botschaften oder beflügelnde neue Ideen in unser Bewusstsein gleiten.

Wenn Sie sich ein bisschen Zeit nehmen, um tief durchzuatmen, sich zu entspannen und Ihre Gedanken zur Ruhe zu bringen, bevor Sie eine Befragung des Orakels beginnen, können und werden Sie viel mehr von den Engeln empfangen, als wenn Sie ohne eine solche Vorbereitung starten.

Öffnen Sie sich und vertrauen Sie darauf, dass die Antwort der Engel in der Karte oder in den Karten liegt, die Sie nun ziehen werden. Schließlich haben die Engel Ihnen eingegeben, welche Karte Sie ziehen sollen.

Manchmal passiert es, dass wir die Antwort, die eine Karte uns gibt, nicht zugleich verstehen. Dann ist es am besten, sich erneut ruhig hinzusetzen und zu meditieren. Blicken Sie tiefer in sich hinein. Betrachten Sie das gezogene Kartenbild noch einmal. Dann wird Ihnen der Sinn der Botschaft noch klarer werden.

Am besten ist es, zunächst die Befragung des Orakels mit einer oder mit drei Karten zu üben. Danach können auch größere Auslagen gemacht werden.

Eine Karte ziehen

Formulieren Sie in Gedanken Ihre Frage und sprechen Sie sie laut vor sich hin, während Sie die Karten mischen.

Dann ziehen Sie mit der linken Hand eine Karte aus dem Stapel. Manche Leute bevorzugen es jedoch, die Karten fächerförmig auf den Tisch auszubreiten, die linke Hand darüber wandern zu lassen und dann intuitiv eine Karte aus dem Fächer zu ziehen. Wie auch immer, entscheidend ist die innere Einstellung, diese achtsame Mischung aus Konzentration und Offenheit.

Decken Sie nun die Karte auf, betrachten Sie das Bild, lesen Sie die Hinweise zu dieser Karte. Meditieren Sie über die Antwort des Engel-Orakels.

Beschließen Sie die Befragung, indem Sie eine Affirmation laut vor sich hinsagen (eine Affirmation ist eine Bekräftigung, ein starker innerer Vorsatz – zugleich Zielbeschreibung und Selbstbestärkung; verwenden Sie die Affirmation, die in diesem Buch für jede Karte vorgeschlagen wird, oder eine, die Sie selber formulieren).

Dann beenden Sie die Sitzung mit einer Verbeugung, einem kleinen Lied oder einem tiefen Atemzug und der Wiederholung Ihrer Affirmation.

Drei Karten ziehen

Wenn Sie Ihre Frage gestellt haben, ziehen Sie bei dieser Übung wiederum mit der linken Hand drei Karten aus dem Kartenstoß oder aus dem auf dem Tisch ausgelegten Kartenfächer. Nehmen Sie die drei Karten (von einer beliebigen Stelle), zu denen Sie sich spontan am meisten hingezogen fühlen.

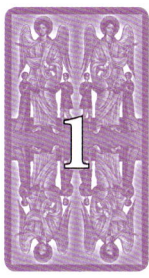  

✧ **Die erste dieser drei Karten steht für die unmittelbare Vergangenheit.** Das ist die Zeit der Genese, der Entstehung Ihrer heutigen Frage.

✧ **Die zweite Karte steht für die Gegenwart,** für die aktuelle Situation, und genau hier und jetzt wird die Antwort kommen, die Idee zur Lösung Ihrer Frage geboren.

✧ **Die dritte Karte steht für die Zukunftsaussichten,** für die nächste Entwicklung und die möglichen nächsten Schritte, die das Engel-Orakel Ihnen vorschlägt.

Decken Sie die Karten jeweils einzeln auf, betrachten Sie das Bild, lesen Sie die Hinweise zur betreffenden Karte.

Wenn Sie alle drei Karten aufgedeckt haben, meditieren Sie über die Antwort des Engel-Orakels.

Betrachten Sie die Entwicklung in den drei Karten. Worin unterscheiden sie sich, was haben sie gemeinsam? Welchen Zusammenhang, welchen Hinweis erkennen Sie darin?

Beschließen Sie die Befragung, indem Sie eine Affirmation laut vor sich hin sagen; kombinieren und verbinden Sie die Aussage für jede der drei Karten zum Schluss zu *einer* Affirmation, die für alle drei Karten zusammen passt.

Dann beenden Sie die Sitzung mit einer Verbeugung, einem kleinen Lied oder einem tiefen Atemzug und der Wiederholung Ihrer Affirmation.

Wie lautet die Botschaft?

Die Botschaft und der Ratschlag der Engel liegen in den Karten, die Sie gezogen haben.

Wenn die Antwort Ihnen klar erscheint, dann legen Sie eine oder zwei praktische Konsequenzen fest, und beginnen Sie mit der Umsetzung dieser praktischen Schlussfolgerungen. Erst dann ist die Deutung abgeschlossen. Erst dann ist ein Gebet beendet, wenn man etwas für seine Umsetzung tut!

Sollte die Antwort jedoch zunächst noch unklar sein, so ist es wichtig, erneut zu beten, zu meditieren, tief durchzuatmen – vielleicht Yoga zu üben oder spazieren zu gehen und dann erneut die Karten zu betrachten.

Wenn Sie einige Zeit mit einer oder mit drei Karten Erfahrungen gesammelt haben, kann auch eine der folgenden Auslagen zu Rate gezogen werden.

»Wachstumsschritte«

1 – »Das kennst Du bereits«
2 – »Das kannst Du gut«
3 – »Das ist noch neu«
4 – »Das lernst Du nun dazu«

»Engels Ruf«

1 – »Dein Thema, Dein Problem«
2 – »Deine Aufgabe; mein Ruf an Dich«
3 – »So wird es gelingen; Deine Chance«

»Lernaufgaben«

1 – »Was habe ich erfahren?«

2 – »Worauf kann ich mich verlassen?«

3 – »Welche Wünsche machen mich stark?«

4 – »Welchen Ängsten will ich mich stellen?«

5 – »Wo liegen meine Hindernisse?« / »Was passt nicht mehr zu mir?«

6 – »Wo finde ich Unterstützung?«

7 – »Wie kann ich meinen Wünschen Nachdruck verleihen?«

»Engels Rat«

1 – »Dies lasse los; das ist jetzt nicht wichtig«
2 – »Dies übe fleißig; das hilft Dir weiter«

»Selbstbefragung«

1 – »Wer bin ich?«
2 – »Was brauche ich?«
3 – »Wie bekomme ich es?«

»Das große Engel-Orakel«

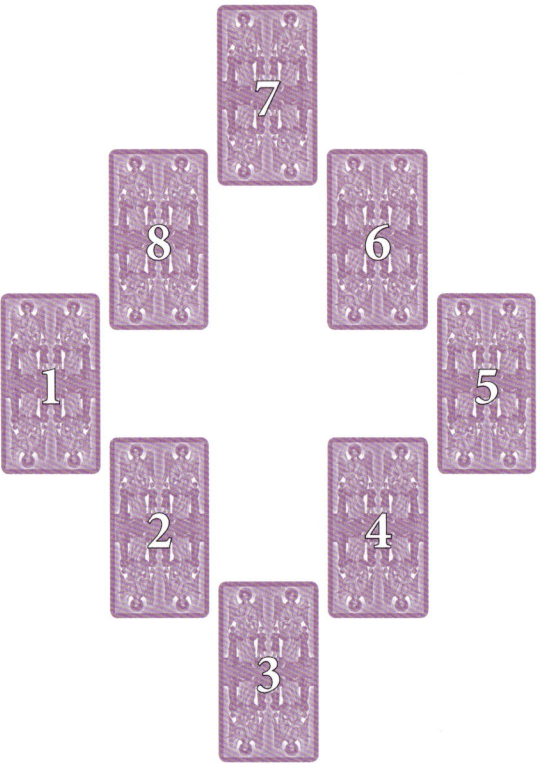

1 – »Dein Ausgangspunkt, Deine himmlische Heimat«
2 – »Deine Begabung, eine besondere Stärke«
3 – »Ein altes Problem für Dich, eine Erblast«
4 – »Deine Schwäche, auch: wofür Du eine Schwäche hast«
5 – »Ein neuer Anfang, der den Himmel erfreut«
6 – »Neue Talente, die Du erweckst«
7 – »Ein Geschenk des Himmels an Dich«
8 – »Deine aktuelle Aufgabe auf Erden«

DAS ENGEL-ORAKEL »DER WEG«

Diese Auslage[1] zeigt Ihnen konkrete Lösungsschritte an. Sie stellt Ihre Chancen und Aufgaben bei bestimmten Fragen und Wünschen dar und macht deutlich, wie diese zu erreichen sind. Das Besondere an dieser Auslage besteht darin, dass bisheriges Verhalten und künftige Alternativen gegenübergestellt werden.

Legen Sie dazu sieben Karten wie folgt aus:

---

1 Idee und Texte zu dieser Auslage stammen aus: Hajo Banzhaf: Tarot für Anfänger. Krummwisch 2008 und 2010 (Ausgabe im Set mit Tarot-Karten [2008], S. 29f.; separate Buchausgabe [2010], S. 62 f.).

Die Bedeutung der einzelnen Positionen:

1– Darum geht es:

Thema und Resümee, Chancen und Aussichten

Die linke Säule zeigt das bisherige Verhalten auf folgenden Ebenen:

2 – Ihre bisherige bewusste Einstellung:

Was Sie bislang geglaubt haben, wovon Sie bisher ausgegangen sind.

3 – Ihre bisherige emotionale Einstellung:

Was Sie bisher zu dem Thema empfunden haben, wie sich das Thema für Sie angefühlt hat.

4 – Ihr bisheriges Verhalten nach außen:

Wie Sie bisher auf andere wirkten, welchen Eindruck Sie gemacht haben. Möglicherweise die Fassade, hinter der Sie sich versteckt haben.

Die rechte Säule zeigt die Vorschläge für das zukünftige Verhalten, mit dem das Ziel erreicht werden kann. Die Bedeutungen entsprechen den Plätzen 2 bis 4:

5 – Vorgeschlagene künftige bewusste Einstellung:

Das sollten Sie sich klarmachen.

6 – Vorgeschlagene künftige emotionale Einstellung:

Mit diesen Gefühlen sollten Sie künftig rechnen. Dafür können Sie sich nun öffnen.

7 – Vorgeschlagenes künftiges Verhalten nach außen:

So können und sollten Sie auftreten. Das sollen Sie konkret tun und zu erkennen geben.

Ziehen Sie verdeckt sieben Karten und legen Sie sie in der angegeben Reihenfolge aus. Decken Sie zunächst die Karte 1 auf, betrachten Sie das Bild und lesen Sie nach, um welches Thema es bei dieser Karte geht.

Nun drehen Sie die Karten 2 bis 4 um, betrachten die Bilder, lesen nach und bedenken, was hier über Ihr bisheriges Verhalten angezeigt wird.

Dann kommen die Karten 5 bis 7 an die Reihe. Sie betrachten die

Bilder, lesen nach und bedenken, was hier über Alternativen und Ihr künftiges Verhalten ausgesagt wird.

Abschließend kehren Sie noch einmal zur Karte 1 und ihrer Bedeutung zurück, betrachten die Auslage als ein Gesamtbild und legen einen oder zwei praktische Schritte fest, die Sie nun tun werden, um die Botschaft des Orakels zu beherzigen.

Beschließen Sie die Befragung, indem Sie eine Affirmation laut vor sich hin sagen. Verwenden Sie die Affirmation, die in diesem Buch bei der gezogenen Karte 1 jeweils vorgeschlagen wird, oder eine, die Sie selbst formulieren). Dann beenden Sie die Sitzung mit einer Verbeugung, einem kleinen Lied oder einem tiefen Atemzug und der Wiederholung Ihrer Affirmation.

Die Bedeutungen jeder Engel-Karte für jede Position in der Auslage »Der Weg« werden auf den Seiten 26 bis 150 im Einzelnen aufgeführt.

Zum Schluss

Am Ende einer Orakel-Befragung tut es gut, sich einen Augenblick Zeit zu nehmen, um den Engeln zu danken.

Noch einmal machen Sie sich bewusst, dass Sie mit jedem Mal, bei dem Sie mit einem der folgenden Engel-Orakel arbeiten, Ihre feinstofflichen Empfindungen, Ihre Schwingungsfrequenz erhöhen und sich damit das Tor für neue Horizonte, für neue, höhere und schönere Möglichkeiten eröffnen.

»Dankbarkeit ist der Schlüssel
zum Reichtum
des Universums.«

(Diana Cooper)

Die 32 Engel
ihre Botschaften
ihre Eigenschaften

1. MICHAEL (MIKAIL)

HILFE BEI GROSSEN AUFGABEN

»Gottes Mühlen mahlen langsam – doch sie mahlen«

Der Name Michael kommt aus dem Hebräischen von »Mikha-el« und bedeutet »Wer ist wie Gott?«.

Michael (Micael, Mikail) ist gleichsam ein Chefengel, Befreier der Gläubigen, Schutzengel sowohl des alten Israels wie auch des Islams. Ein Engel, der Wunder wahr werden lässt, der Barmherzigkeit, Reue, Segnung, Unsterblichkeit, Geduld und Liebe für alle Menschen bringt. Er schützt insbesondere all jene, die rechtschaffen sind und gut. Er ist der ideale Helfer bei Schlaflosigkeit. In schwierigen Zeiten gibt er unserem Geist Kraft und Stärke. Wir rufen Michael an, wenn wir spüren, dass wir diese Gaben und Energien benötigen.

Michael ist der stärkste Erzengel und wird oft mit einem Schwert und in einer rotgrünen, weißen oder einer glänzenden Rüstung dargestellt. Manchmal zeigt man ihn aber auch mit zwei Waagschalen in der Hand. Mit diesen wiegt er die guten und die schlechten Taten eines Menschen gegeneinander ab.

Er kämpft gegen Dämonen und das Böse. So auch gegen den abtrünnigen Luzifer.

Michael soll den siebten Himmel regieren, in dem Gott lebt. Er symbolisiert das göttliche Selbst im Menschen. Er hilft uns bei der Suche nach Gott und steht für Mut und Kraft. Es heißt, dass Michael die Seelen der Verstorben ins Himmelreich trägt.

Mikail ist der Name Michaels im Koran. Im muslimischen Glauben wird er mit Flügeln, mit safranfarbenen Haar, mit einer Million Gesichtern und einer Million Mündern dargestellt. So bittet er um Gottes Gnade für die Menschen. Im Koran gilt er als Meister der Weisheit und der Seelenerkenntnis.

Hilfe bei großen Aufgaben

Als Tageskarte: Hier geht es um Aufgaben und Einsichten, an denen Sie wachsen können.

Der Weg – Position 1– Darum geht es: Sie besitzen und Sie benötigen jetzt große Kraft. Erzengel Michael unterstützt Sie dabei ohne Vorbehalt.

Der Weg – Position 2 – Ihre bisherige bewusste Einstellung: Manchmal haben Sie sich selbst zu viel vorgenommen. Und immer wieder sind Sie gestrandet. Doch Sie wissen auch, was Sie können.

Der Weg – Position 3 – Ihre bisherige emotionale Einstellung: Erinnern Sie sich an die Momente in Ihrem Leben, in denen Sie mit Ihrem Schicksal überaus glücklich und zufrieden waren.

Der Weg – Position 4 – Ihr bisheriges Verhalten nach außen: Jedes Leben beinhaltet Höhen und Tiefen. In der Vergangenheit waren Sie dafür nicht immer gut gerüstet.

Der Weg – Position 5 – Vorgeschlagene künftige bewusste Einstellung: Nehmen Sie einmal Ihre Freunde und Gegner als *Spiegel*. Sie machen Ihnen Ihre Vorzüge und Ihre Aufgaben deutlich.

Der Weg – Position 6 – Vorgeschlagene künftige emotionale Einstellung: Die glücklichen Momente aus der Vergangenheit sind der »Anker«, Sie geben Ihnen Kraft und Geschick für heute.

Der Weg – Position 7 – Vorgeschlagenes künftiges Verhalten nach außen: Die Höhen und Tiefen sind normal. Im Wissen darum schenkt Ihnen dieser Engel eine neue Souveränität und Einfachheit.

Das Wichtigste in Stichpunkten
Gerechtigkeit, Genügsamkeit, Anpassung, Nachgiebigkeit.
Größere Lösungen.
Achtung vor unklaren, widersprüchlichen Interessen, übereilten
Trennungen, unglücklichen Verbindungen.

Besonderer Hinweis
Dieser Engel ist der Hüter der Gerechtigkeit und hilft uns bei Schwierigkeiten. Die Probleme werden gelöst, doch muss man auch Geduld
haben.
Wenn Sie mit Michael in Verbindung stehen, sind Sie in der Lage, große Aufgaben zu erfüllen und schwierige Rätsel zu lösen.
Sie sind im Allgemeinen beliebt, sollten sich aber vor Eitelkeit hüten.

Das könnten Sie tun
Lassen Sie sich beraten, organisieren Sie Hilfe und Unterstützung. Dabei liegt die Verantwortung allein bei Ihnen. Erhöhen Sie Ihre Anteilnahme.

Affirmation/Gebet

Ich erforsche das Wunder des Lebens.

2. RAPHAEL

HILFE DURCH HEILUNG

»Die richtige Einsicht heilt«

Der Name Raphael leitet sich vom hebräischem »Rafa-el« ab und bedeutet »Gott heilt« oder »Heiler Gottes«. Raphael, auch Raffael geschrieben, ist gleichsam »der Arzt Gottes«.

In der Kabbala ist er dem Reich Hod (auch Chod geschrieben) zugeordnet (Ruhm und Herrlichkeit). In der Lehre der sieben Strahlen ist er der Erzengel der grünen Strahlung der Wissenschaft, Heilung, Segnung und Weihung. Sein Wirken wird im Buch Tobit beschrieben. Er hilft auch bei der Austreibung von Dämonen. Im Christentum ist er einer der vier Erzengel.

Sein Abzeichen ist ein goldenes Fläschchen mit Balsam. Er wirkt in höchstem Maße heilend auf alle Lebewesen. Raphael ist der Heilbringer und der Schutzengel schlechthin. Er ist der Erzengel, »der über Krankheiten und über alle Wunden der Menschenkinder gesetzt ist« (Buch Henoch).

Raphael bringt Freude, Heilung, Liebe, Wunder und Gnade. Raphael verleiht auch Mut, und treibt den Durst nach Wissen und Weisheit voran.

Er zeigte, als Reisender verkleidet, Tobias, wie man einen Fisch nutzt und genießt.

Raphael begleitet und beschützt Reisende auf ihren Reisen und die Kranken. Er gibt den Mutlosen Mut und den Hoffnungslosen Hoffnung. Er ist voller Mitleid für uns Menschen und der Engel, der uns Menschen am häufigsten erscheint.

Hilfe durch Heilung

Als Tageskarte: »You can't always get what you want. But if you try sometimes you might find you get what you need« (Rolling Stones) – »Du kannst nicht immer bekommen, was du dir wünschst. Aber wenn du es versuchst, wirst du so manches Mal feststellen, dass du bekommst was du brauchst!«

Der Weg – Position 1 – Darum geht es: Alte Wunden können heilen, und alte Wünsche bekommen eine neue Chance!

Der Weg – Position 2 – Ihre bisherige bewusste Einstellung: Entweder haben Sie zu viel oder zu wenig auf sich selbst gehört.

Der Weg – Position 3 – Ihre bisherige emotionale Einstellung: Die Zeit heilt auch alte Wunden … Bisher war die Zeit noch nicht reif.

Der Weg – Position 4 – Ihr bisheriges Verhalten nach außen: Durch Ihre Leistungen oder durch Ihre Probleme haben Sie in der Vergangenheit oft auf sich aufmerksam gemacht.

Der Weg – Position 5 – Vorgeschlagene künftige bewusste Einstellung: Sie sind an Erfahrungen gewachsen und können heute bewusster wählen, was hilft und was nicht.

Der Weg – Position 6 – Vorgeschlagene künftige emotionale Einstellung: Nun aber können Sie neue Wege gehen und eine neue Leichtigkeit genießen.

Der Weg – Position 7 – Vorgeschlagenes künftiges Verhalten nach außen: Nun können Sie es sich leisten, bescheidener und zugleich natürlicher, authentischer zu sein.

Das Wichtigste in Stichpunkten

Engel der Wissenschaft, des Wissens, des Heilens und der Prüfungen. Wichtige Entscheidung. Versuchung. Unvorhersehbare Entwicklungen. Leidenschaft, Vertrauen, Ehre. *Achtung vor* Falschheit, Eifersucht, Sünde, Untreue, unerklärter Liebe, Beliebigkeit, Entscheidungsschwierigkeiten.

Besonderer Hinweis

Raphael steuert die Gesundheit: er soll angerufen werden, wenn wir uns schwach oder krank fühlen. Er gibt den Mutlosen Mut und den Hoffnungslosen Hoffnung.

Dieser Engel hilft demjenigen, der an ihn glaubt, man muss daher auf ihn vertrauen.

Raphael erwartet die Bereitschaft zur Einsicht – zu Kritik und zur Selbstkritik – zum Abschied und zur Versöhnung. Er findet neue Chancen für die Liebe.

Das könnten Sie tun

Geteiltes Leid ist halbes Leid. Und geteilte Freude ist doppelte Freude – handeln Sie danach!

Affirmation/Gebet

Alle haben Gesundheit, Liebe und Gnade verdient.

3. GABRIEL

HILFE DURCH WANDEL

»Wer das Alte abschließt, wird wieder neugeboren«

Der Name Gabriel leitet sich entweder vom hebräischem »Gavri-el« ab oder von »gibor und el«, doch beide bedeuten fast dasselbe: »Die Macht Gottes« oder »Meine Macht ist Gott«. Gabriel ist der klassische Bote. Zum Beispiel verkündigte er Maria Jesus Geburt. Und er verkündigte dem Zacharias, dass seine Frau Johannes den Täufer gebären würde.

Gabriel ist der Hüter des Reiches Jesod, das dem Mond und dem Wasser unterstellt ist. Er ist der Engel der Offenbarung und des Jüngsten Tages, der Wiederkehr des Paradieses. Er ist ein Hauptbotschafter Gottes, und er bringt als solcher göttliche Nachrichten und Offenbarungen zu den Menschen. Dabei ist er ein idealer Vermittler zwischen Himmel und Erde, und er hilft uns, unsere Träume und Visionen zu deuten.

Gabriel erfüllt allen Sterblichen Wünsche und Hoffnungen, und ebenso gewährt er Freude, Barmherzigkeit, Einsicht in Geheimnisse und Mysterien. Nach dem Tode begleitet er die verstorbenen Seelen an ihren Platz im Himmel.

Gabriel regiert den sechsten Himmel, in dem unser Schicksal bestimmt wird. Dort werden auch alle unsere guten und schlechten Taten aufgeschrieben. Gabriel trägt ab und zu eine Fackel. Sein weiteres Symbol ist die Trompete (oder Fanfare oder Posaune). Gabriel wird auch oft mit einer weißen Lilie, dem Symbol der Reinheit gezeigt.

Auch im Islam gibt es Gabriel; *Cebrail* heißt er im Koran. Dort ist er der große Bote des Herrn. Er wurde zu Mohammed gesandt, um ihm den Koran zu diktieren. Auch begleitet Gabriel den Propheten ins Paradies. Im Koran ist Gabriel als Engel der Wahrheit bekannt.

Gabriel gilt als der Engel, der zugegen ist, wenn eine neue Epoche eingeleitet wird und eine alte zu Ende geht. Er wird oft am Tor, am Übergang, dargestellt.

Hilfe durch Wandel

Als Tageskarte: Lassen Sie Veränderungen zu – Sie haben nichts zu befürchten.

Der Weg – Position 1 – Darum geht es: Gabriel begleitet Sie beim Übergang von einer alten Epoche in eine neue. Ihre Aufgabe ist es, loszulassen und sich dem Neuen zu öffnen.

Der Weg – Position 2 – Ihre bisherige bewusste Einstellung: Sie haben sich für Ihre Ziele eingesetzt und sich viel Mühe gegeben, diese Ziele zu erreichen und anderen zu erklären.

Der Weg – Position 3 – Ihre bisherige emotionale Einstellung: Für Ihre Ziele haben Sie in der Vergangenheit viele emotionale Opfer gebracht.

Der Weg – Position 4 – Ihr bisheriges Verhalten nach außen: Bisher waren Sie für Ihre Umwelt oft schwer zu fassen. Zu sehr waren Sie mit dem Erreichen Ihrer Ziele beschäftigt.

Der Weg – Position 5 – Vorgeschlagene künftige bewusste Einstellung: Inzwischen haben Sie wichtige Ziele erreicht. Denken Sie neu. Sie können nun viel präziser formulieren, was Sie wollen.

Der Weg – Position 6 – Vorgeschlagene künftige emotionale Einstellung: Opfer für die Liebe werden in Zukunft nicht mehr in bisheriger Weise nötig sein. Sortieren Sie Ihre Wünsche und die Ihrer Liebsten auf Basis Ihrer Erfahrungen neu.

Der Weg – Position 7 – Vorgeschlagenes künftiges Verhalten nach außen: Eine größere Entspanntheit und Bewusstheit macht es Ihnen möglich, Ihren Freunden neu zu begegnen.

Das Wichtigste in Stichpunkten

Erneuerung, überwältigende Ereignisse. Klärung einer Angelegenheit, neues Leben.
Achtung vor enthüllten Geheimnissen, Stellenwechsel, Offenbarungseid.

Besonderer Hinweis

Gabriel ist der Engel der Verkündigung. Manchmal bringt er eine Enttäuschung mit sich. Doch das ist nicht seine Schuld. Er ist nur der Bote. Die Enttäuschung war vorher schon da. Nun ist sie nicht mehr zu übersehen und gibt uns die Chance des (inneren) Wandels.
Eine Ent–täuschung stellt möglicherweise das *Ende einer Täuschung* dar! »Eine Enttäuschung, deren Lektion wir gelernt haben, setzt enorme Energien frei« (Evelin Bürger/Johannes Fiebig). So oder so – entweder sofort oder nach einer solchen Lektion – bringt Gabriel ein großes Glücksempfinden oder ein freudiges Ereignis mit sich.

Das könnten Sie tun

Überstürzen Sie nichts. Achten Sie auf das »Kleingedruckte«, dann können Sie sich ohne unnötige Risiken auf den aktuellen Wandel einlassen.

Affirmation/Gebet

Ich begrüße und genieße, was »Gott« mit mir vorhat.

4. URIEL

HILFE DURCH BEDINGUNGSLOSE LIEBE

»Wo sich die Liebe bewährt, gewinnt Gott neue Würde«

Uriel wird auch Auriel genannt. Der Name bedeutet »Feuer Gottes«, »Licht Gottes«. Sein Licht entfacht die wahre Gottesliebe, die den Menschen vorandrängt, in Gott zu erwachen.

Uriel, mitunter auch als Phanuel bekannt, gilt als einer der Erzengel und als einer der Seraphim, die ständig Gott umgeben. Er bestraft die Ungerechtigkeit bei den Menschen und ist der Vorsteher der Hölle.

Häufig wird er als der Engel angesehen, der nach dem Sündenfall den Eingang ins Paradies bewacht (1. Moses 3, 24). Oft wird er auch als der Bote betrachtet, der Noah die Sintflut ankündigte (1. Moses 6) oder der im Namen Gottes mit Jakob stritt (1. Moses 32, 24).

Uriel ist schließlich der Geist des frommen Dienens und der Besänftigung. Er hilft uns, selbst schlimmste Enttäuschungen in einen Segen zu verwandeln. Uriel lehrt uns, den Weg des Herzens, der geläuterten Liebe zu beschreiten. Ohne Lauterkeit und Hingabe an die höchste Wahrheit bleibt alles Suchen Tand und Eitelkeit. Ja, es gibt auch eine spirituelle Eingebildetheit, die nicht minder sinnlos ist als jede andere Art der Eitelkeit.

Er ist der Schutzengel der Literatur und Musik. Er ist der richtige Helfer für die Urteilskraft und für den Schriftverkehr. Er verleiht uns die Gabe des kreativen Feuers und die Macht zu prophezeien.

Er ist einer der Engel für alle Notfälle. Der entscheidende Punkt ist, dass wir mit Uriels Hilfe einfach nicht zu früh aufgeben! Er schenkt uns die Geduld abzuwarten – erst Erfahrungen zu sammeln und dann zu urteilen. Im Namen der Liebe bekämpft er falsche Tabus und Vorurteile. Er gibt uns die Möglichkeit, neue Wahrheiten zu verstehen und willkommen zu heißen.

Hilfe durch bedingungslose Liebe

Als Tageskarte: Lassen Sie sich nicht unter Druck setzen – auch nicht von »Sachzwängen« und »gut gemeinten Ratschlägen«. Vertreten Sie, was Sie auf dem Herzen haben.

Der Weg – Position 1 – Darum geht es: Entscheiden Sie sich für den Weg der Liebe. Dabei geht es um die Zuwendung zu allen Menschen, Dingen und Ereignissen.

Der Weg – Position 2 – Ihre bisherige bewusste Einstellung: Für viele ist die Liebe eine Phase der Verliebtheit, etwas für Jugend oder Kindheit …

Der Weg – Position 3 – Ihre bisherige emotionale Einstellung: In der Vergangenheit haben Sie sich oft an bestimmte Menschen oder an bestimmte Erwartungen gebunden, wenn es um die Liebe ging.

Der Weg – Position 4 – Ihr bisheriges Verhalten nach außen: Im Namen der Liebe hat man auch sinnlose Opfer teils sich selbst zugemutet, teils anderen zugefügt.

Der Weg – Position 5 – Vorgeschlagene künftige bewusste Einstellung: Jetzt erkennen Sie, dass Liebe auch eine Lebenseinstellung ist, ein Prinzip, nach dem alles besser gedeiht als ohne Liebe.

Der Weg – Position 6 – Vorgeschlagene künftige emotionale Einstellung: In Zukunft verstehen Sie, dass es viele »richtige« Arten der Liebe gibt.

Der Weg – Position 7 – Vorgeschlagenes künftiges Verhalten nach außen: Mit zunehmender Erfahrung bessern sich die Chancen, ohne falsches Opfer und ohne Zumutungen zu lieben.

Das Wichtigste in Stichpunkten

Heftigkeit, positive Schicksalswende, Kraft, Geschick, außergewöhnliche Anstrengungen.
Achtung vor Gewalt, Schwäche, Blindheit, Kleinlichkeit.

Besonderer Hinweis

Uriel verleiht eine große Vielseitigkeit: er macht es möglich, den erhofften Erfolg leicht zu erreichen, wenn man es versteht, genau zwischen Freund und Feind zu unterscheiden. Das Problem liegt oft bei der richtigen Auswahl, sowohl in der Liebe als auch im Beruf.
Der entscheidende Punkt ist, dass wir nicht zu früh aufgeben! Uriel schenkt uns die Geduld abzuwarten – erst Erfahrungen zu sammeln und dann zu urteilen.

Das könnten Sie tun

Was man mit Liebe behandelt, entwickelt sich besonders gut. Lassen Sie sich nicht vor falsche Alternativen stellen. Entscheiden Sie sich immer wieder für den Weg der Liebe.

Affirmation/Gebet

Erfahrung ist stärker als Wissen.
Doch ihre Urteile dauern etwas länger.

5. Ariel

Hilfe durch Mut

»Gott ist gut und hat Mitgefühl mit all seinen Kreaturen«

Ariel heißt hebräisch »Feuerherd Gottes« oder »Löwe Gottes« (Ariella ist dann die »Löwin Gottes«), ferner »Opferstelle«, »Held Gottes« u.a. Er ist der Schutzengel der Unschuld und Reinheit – des Muts und der Kraft der Seele.

In der Kabbala wird Ariel mitunter als Wasserengel beschrieben, doch in Fabeln ist Ariel ein Geist der Luft. In Shakespeares Komödie »Der Sturm« wird er als ein schelmischer Geist und als Symbol der Naturgewalten dargestellt. Außerdem ist Ariel auch der Name einer der Monde des Uranus.

Er ist ein Engel, der ermutigt, im Licht zu bleiben, so schwer die Zeiten auch sein mögen. Er kann in Zeiten der Not und der schweren Prüfungen gerufen werden.

Manche sagen, er sei für die allgemeine Heilung verantwortlich oder sogar ein Engel, der mit Raphael eng zusammenarbeite. Es heißt auch, er sei der größte Beschützer der Erde. Grundsätzlich ist er jedoch der Engel der Lebenslust und der Lebensfreude. Sein Heilmittel ist die Lebendigkeit.

Alles, was die Lebendigkeit fördert, wird von Ariel unterstützt. »Wenn Leben sich des Lebens freut, / ist Vergangenheit beständig, / das Künftige voraus lebendig, / der Augenblick wird Ewigkeit« (J.W.v. Goethe).

So verleiht uns Ariel die Gabe der Inspiration, Verborgenes zu entdecken. Er schickt die Sehnsucht nach fernen Kontinenten und den Wunsch nach Heimat. Er gibt uns Träume und die Kraft, diese auch zu verwirklichen.

Hilfe durch Mut

Als Tageskarte: Sie werden die Herausforderungen meistern. Begrüßen Sie sie – sie beschleunigen Ihr persönliches Wachstum!

Der Weg – Position 1 – Darum geht es: Ariel gibt Ihnen Luft und Licht, er verlängert Einsicht und Ausdauer!

Der Weg – Position 2 – Ihre bisherige bewusste Einstellung: Vieles ändert sich und manche Gewohnheiten bröckeln. Das hat Sie verwirrt.

Der Weg – Position 3 – Ihre bisherige emotionale Einstellung: Gefühle von Ohnmacht und Hilflosigkeit haben Sie mitunter zu falschen Entschlüssen getrieben.

Der Weg – Position 4 – Ihr bisheriges Verhalten nach außen: Wie oft haben Sie andere bewundert und beneidet. Oder wollten andere beeindrucken …

Der Weg – Position 5 – Vorgeschlagene künftige bewusste Einstellung: Was zerbröckelt und zerbrochen ist, nehmen Sie als Baumaterial für ein neues Haus.

Der Weg – Position 6 – Vorgeschlagene künftige emotionale Einstellung: Tatsächlich sind Sie nicht ohnmächtig. Sie nehmen Hilfe an und organisieren selbst, soviel Sie tun können.

Der Weg – Position 7 – Vorgeschlagenes künftiges Verhalten nach außen: Glauben Sie an sich und an Ihre Möglichkeiten als Teil des großen Spiel des Lebens.

Das Wichtigste in Stichpunkten

Mut, Energie, Unternehmungsgeist, großer Erfolg. Arbeit, Aktivität, Aktionen. Moralische Kraft, Überwindung von Gefahr und Bedrohung.
Achtung vor hölzernen, ungelenken Aktionen, vor Jähzorn, Machtmissbrauch, Missgunst, vor impulsiven Reaktionen und übertriebenem Eifer.

Besonderer Hinweis

Ariel bringt viel Glück. Er gibt uns Träume und die Kraft, diese auch zu verwirklichen. Er schenkt in vieler Hinsicht einen größeren Spielraum und befreit von Zwängen. Es ist wichtig, die soeben errungene Freiheit nicht falsch anzuwenden.
Wenn Sie mit Ariel in Verbindung stehen, fällt es Ihnen leicht, mit allen Lebewesen in Kontakt zu treten.

Das könnten Sie tun

Bitten Sie diesen Engel um Gelassenheit und Entschlossenheit. Sie besitzen und benötigen in diesen Tagen eine starke Hand – und einen kühlen Kopf!

Affirmation / Gebet

Ich diene Gott in meinen Zielen.

6. SEHEIAH

HILFE DURCH ANWESENHEIT

»Gott gibt jedem eine Chance – in jedem Augenblick«

Der Engel Seheiah, auch Seeiah genannt, schützt vor Unfällen und vor der Strenge des Schicksals. Er hilft denen, die ihn anrufen, ihre Konflikte zu lösen.

Seheiah verleiht Schutz gegen Krankheit und Feuer. Außerdem ist er oder sie für Langlebigkeit zuständig.

Seheiah kennt die Naturgewalten. Mit Hilfe dieses Engels hat man in schweren Zeiten einen besonderen Schutz. Menschen, die mit ihm in Verbindung stehen, lindern in aller Regel menschliches Leid durch ihre bloße Anwesenheit, auch wenn sie sich dessen selbst nicht bewusst sind.

So ist auch die Wirkungsweise dieses Engels zu verstehen. Er heilt und hilft einfach durch seine Anwesenheit, mit der er still, unaufdringlich, doch unmissverständlich auf die liebende Hand Gottes, auf Gottes Gnade und unsere Wahl, diese anzunehmen oder nicht, hinweist.

Hilfe durch Anwesenheit und Bereitschaft

Als Tageskarte: Halten Sie heute einmal inne – spüren Sie den »göttlichen Funken«, der in Ihnen wie in jedem Menschen wirkt.

Der Weg – Position 1 – Darum geht es: Hinter allen Tagespflichten und Terminkalendern gibt es den Urgrund dessen, was wir eigentlich erreichen wollen. Ziehen Sie dieses Reich »hinter den Kulissen« nun mehr in den Vordergrund!

Der Weg – Position 2 – Ihre bisherige bewusste Einstellung: Es ist vernünftig, Pflichten und realistische Grenzen zu akzeptieren.

Der Weg – Position 3 – Ihre bisherige emotionale Einstellung: Zuerst denkt man, wenn man zu viel gibt, bleibt nachher für einen selbst nichts mehr übrig …

Der Weg – Position 4 – Ihr bisheriges Verhalten nach außen: Treffen und Versammlungen haben Sie oft nur unter dem Aspekt der Zweckmäßigkeit betrachtet. Was nützt mir das?

Der Weg – Position 5 – Vorgeschlagene künftige bewusste Einstellung: Es gibt Dinge, die größer sind als alle Vernunft. »Bei Gott ist kein Ding unmöglich!« Jetzt zählt genau das.

Der Weg – Position 6 – Vorgeschlagene künftige emotionale Einstellung: Wenn Sie zum Besten geben, was Sie können und was Sie brauchen, werden Sie nichts verlieren, sondern nur gewinnen.

Der Weg – Position 7 – Vorgeschlagenes künftiges Verhalten nach außen: Heute wissen Sie, dass Begegnungen stets auch eine eigentümliche gestaltende, fördernde Energie besitzen. Alleinsein wie Zusammensein besitzen Ihre Zwecke in sich selbst.

Das Wichtigste in Stichpunkten

Initiative, Anstrengung, Gewandtheit, Selbständigkeit, Souveränität, Unabhängigkeit, Selbstvertrauen. *Achtung vor* Hochnäsigkeit, Angeberei, schlechten Motiven.

Besonderer Hinweis

Seheiah steuert die kosmische Energie. Er bzw. sie ermöglicht es, eine magische Zeit zu erleben. Es ist an der Zeit, Ihrer Intuition, die Sie zu den richtigen Lösungen führen wird, mehr Raum zu lassen. Schützen Sie sich nur vor Worten und Taten, die sich gut anhören, jedoch zu schlechten Zwecken eingesetzt werden.

Wenn Sie mit Seheiah in Verbindung stehen, lindern Sie menschliches Leid oftmals durch ihre bloße Anwesenheit, auch wenn Sie sich dessen selbst nicht bewusst sind.

Das könnten Sie tun

Tun Sie heute etwas, was Sie besonders gerne tun. Und kümmern Sie sich um jemanden, der oder die es besonders nötig hat.

Affirmation/Gebet

In mir brennt ein strahlendes Licht
mit lodernder Flamme.

7. REMIEL

HILFE DURCH ABSTAND UND MITGEFÜHL

»Das richtige Wort zur richtigen Zeit wirkt Wunder«

Remiel heißt soviel wie »hoch erhört sein« und wird auch Ramiel, Rumael oder Rumayal genannt. Zusammen mit dem Erzengel Raphael ist er der Engel des Mitgefühls.

Remiel steht für die Gnade Gottes und für Verständigung und Versöhnung unter den Menschen. So gilt er als der Engel der Anteilnahme, er stärkt im Menschen das Mitgefühl für seine Mitmenschen und seine Umwelt. Er schützt auch vor dunklen Ahnungen und befreit von Albträumen.
Remiel, auch Jeremiel geschrieben, hilft den Seelen, sich im Körper zu verankern und auf der Erde zu sein.

Er ist auch der Engel der wahren Visionen. »Jeden mit Glück zu erfüllen – auch sich selbst, das ist gut« (Bertolt Brecht, *Der gute Mensch zu Sezuan*).

Außerdem ist er noch der Führer der Seelen der Gläubigen und geleitet sie in den Himmel, nachdem Michael sie auf ihrem letzten Wegstück gewogen hat.

Hilfe durch Abstand und Anteilnahme

Als Tageskarte: »Wie viele Sorgen man loswird, wenn man sich entschließt, nicht etwas, sondern jemand zu sein!« (Coco Chanel)

Der Weg – Position 1 – Darum geht es: »Liebe deinen Nächsten wie dich selbst«, Remiel hilft uns dabei, dies zu leben und umzusetzen.

Der Weg – Position 2 – Ihre bisherige bewusste Einstellung: Wissen ohne Liebe ist sinnlos. Liebe ohne Bewusstheit ist hilflos.

Der Weg – Position 3 – Ihre bisherige emotionale Einstellung: Hoffnungen und Ängste sind zunächst unser aller natürlicher Begleiter.

Der Weg – Position 4 – Ihr bisheriges Verhalten nach außen: Faule Kompromisse und faule Genüsse waren das Höchste der Gefühle.

Der Weg – Position 5 – Vorgeschlagene künftige bewusste Einstellung: Gefühl und Härte – die richtige Mischung, die richtige Auswahl gelingt Ihnen durch Erfahrung und Verständnis.

Der Weg – Position 6 – Vorgeschlagene künftige emotionale Einstellung: Wenn es uns gelingt, sinnvolle und sinnlose Wünsche zu unterscheiden, berechtigte von unberechtigten Ängsten zu trennen, gewinnen wir »Flügel für die Seele«, eine neue Begeisterung.

Der Weg – Position 7 – Vorgeschlagenes künftiges Verhalten nach außen: Doch Sie können jetzt wieder neu wählen, Kompromisse neu definieren und Genüsse neu entdecken.

Das Wichtigste in Stichpunkten

Innere Harmonie, Zufriedenheit, Glück in zwischenmensch-
lichen Beziehungen.
Achtung vor Ärger, Flucht, Gefühlsheuchelei.

Besonderer Hinweis

Remiel macht uns das Leben erträglicher und ermöglicht uns, dessen
Gesetze zu verstehen.
Er steht für Mitgefühl – für Liebe und Kritik. Es ist nicht angebracht,
bei der Beurteilung der anderen zu hart oder zu weich zu sein.
Das richtige Wort zur richtigen Zeit kann Wunder wirken.
Wenn Sie mit Remiel in Verbindung stehen, lieben Sie die Freiheit, die
Gerechtigkeit, Traditionen und Ruhe.

Das könnten Sie tun

Sie können Ihre Mitwelt nicht ändern, aber Sie können sich ändern.
Bringen Sie Ihre Schönheit und Ihre Stärke, Ihre Sorgen und Ihre
Freuden zum Ausdruck. Dann stellt sich auch die Welt für Sie ganz
anders dar.

Affirmation/Gebet

*Ich vertraue auf Gottes Weisheit,
die größer und anders ist als alles irdische Wissen.*

8. Jezalel

Hilfe durch Toleranz und Begeisterung

»Gott ist groß«

Jezalel, auch Yezalel, Iezalel genannt, verhilft zu durchschlagenden Erfolgen in kreativen Berufen und in (nicht-)alltäglichen Entscheidungen.

Seine Geschenke sind vor allem ein klarer Verstand, schnelle Auffassungsgabe, Schlagfertigkeit sowie Redegewandtheit. Damit verleiht er uns auch die Fähigkeit, die Dinge wie aus der Vogelperspektive zu betrachten. Er schenkt die Gabe, über sich selbst hinauszuschauen. Mit ihm erleben wir die Größe und die Vielfalt allen Lebens und lernen, es mit Toleranz und Begeisterung zu betrachten.

Wie nach außen, so überschaut er auch im Inneren gleichsam ganze Kontinente, also große und unterschiedliche Erfahrungsräume. So ist er auch der gute Geist der Meditation, der inneren Einkehr und des Erfolgs in einer Kur oder Therapie.

Auf eine ruhige und bestimmte Art knüpft er ein inneres Band zwischen Mensch und seinem göttlichen Ursprung. »Gott ist groß, und Liebe ist die Lösung!«

Der Engel Jezalel hilft denen, die ihn anrufen, ihr Eheleben lebendig zu halten, neue Freundschaften zu knüpfen, anderen einen Gefallen zu tun oder jemanden um einen Gefallen zu bitten.

Hilfe durch Toleranz und Begeisterung

Als Tageskarte: Denken Sie groß! Lösen Sie sich von kleinlichen Sorgen und Vorbehalten.

Der Weg – Position 1 – Darum geht es: Viele Gedanken und Gewohnheiten bewegen sich immer wieder im Kreis. Jezalel hilft uns zu neuen Wegen.

Der Weg – Position 2 – Ihre bisherige bewusste Einstellung: Zunächst hat man sich über das Unerwartete, das mitten in Planungen und Vorkehrungen einbrach, geärgert.

Der Weg – Position 3 – Ihre bisherige emotionale Einstellung: Bewusst und unbewusst klammern wir uns an bestimmte Freund- und Feindbilder.

Der Weg – Position 4 – Ihr bisheriges Verhalten nach außen: Bestimmte Ecken und Flecken in der Welt haben Ihnen Sicherheit gespendet.

Der Weg – Position 5 – Vorgeschlagene künftige bewusste Einstellung: Heute wissen Sie aus Erfahrung, dass das Unerwartete und Ungeplante genau so viele Chancen beinhaltet wie das Erwartete und Geplante.

Der Weg – Position 6 – Vorgeschlagene künftige emotionale Einstellung: Jezalel verhilft uns zu einer größeren Perspektive. Wer sich weiter entwickelt, geht über Klischees hinweg.

Der Weg – Position 7 – Vorgeschlagenes künftiges Verhalten nach außen: Jetzt sind Sie gewachsen und finden sich an vielen Stellen der Welt wohlbehaglich und zu Hause.

Das Wichtigste in Stichpunkten

Gewandtheit, Geschicklichkeit, Einsicht, Schnelligkeit, Esprit. *Achtung vor* Naivität, Unvorsichtigkeit, Übertreibung, Mangel an Einsicht.

Besonderer Hinweis

Jezalel lehrt den unermesslichen Wert des Friedens – auch und gerade inmitten großer Bewegung und äußerer Veränderung.

Wenn Sie mit Jezalel in Verbindung stehen, verfügen Sie über ein ausgezeichnetes Gedächtnis, und es fällt Ihnen leicht, alles Logische zu begreifen.

Sie setzen sich stark und mit Erfolg für den Zusammenhalt der Familie ein.

Das könnten Sie tun

»Wer faul ist, ist auch schlau.« Mit der Kraft dieses Engels finden Sie jetzt einen neuen effektiven Weg, auf dem Sie mit weniger Arbeit mehr erreichen.

Affirmation / Gebet

Heute ist ein guter Tag,
um die wirklichen Bedürfnisse aller Beteiligten
(noch) besser zu verstehen und zu berücksichtigen!

9. Metatron

Hilfe durch Kraft und Würde

»Gott ist allmächtig«

Metatron bedeutet etwa »der einen Thron neben Gott einnimmt«. Er ist ein schöpferischer Geist und repräsentiert eine große göttliche Energie. Er befasst sich mit nichts Geringerem als der Erhaltung der Menschheit. Er sorgt für die richtige »Stimmung«, für den Einklang von Mensch und Schöpfung. Man nennt ihn auch »die« Verbindung zwischen dem Menschlichen und dem Göttlichen.

Metatron spielt in Teilen der jüdischen und christlichen Tradition eine bedeutende Rolle. Allerdings gibt es recht unterschiedliche Auffassungen über seine Herkunft und seinen Platz in den himmlischen Hierarchien.

So ist Metatron in manchen jüdischen Überlieferungen einer der stärksten Seraphim und der wichtigste. Er kennt alle Taten der Menschen, die im Buch des Lebens stehen.

Nach seiner Ankunft im Himmel verwandelte sich Metatron in einen Feuergeist und er wurde mit 36 Paar Flügeln ausgestattet sowie mit unzähligen Augen. Seine Wimpern sind Blitze, seine Knochen bestehen aus Glut und sein Fleisch aus Feuer.

Er gilt wie Seraphiel als Fürst der Seraphim, und in der Kabbala gehört er zu den Erzengeln. Er gilt dort sogar als höchster Engel, der im Lebensbaum bei der Krone steht und dem Reich der Kether zugeordnet ist. Er wird auch als »König der Engel« bezeichnet. Er ist der Hüter des spirituellen Körpers.

Er hat viele weitere Namen, unter denen er angerufen wird.

Metatron gilt auch als Lehrer und Beschützer jener Kinder im Paradies, die früh gestorben sind.

Hilfe durch Kraft und Würde

Als Tageskarte: Jetzt ist der richtige Zeitpunkt, mit sich und der Welt in Einklang zu kommen.

Der Weg – Position 1 – Darum geht es: Metatron bietet Ihnen einen entscheidenden Schlüssel zu Ihrem Glück. Denn er hilft, das Unerlöste zu lösen und was Sie haben, zu genießen.

Der Weg – Position 2 – Ihre bisherige bewusste Einstellung: Lange haben Sie gesucht, sich selbst, Dinge und Menschen in Frage gestellt.

Der Weg – Position 3 – Ihre bisherige emotionale Einstellung: Bestimmte Verletzungen mussten Sie verdrängen, weil Sie sie sonst zu sehr beschäftigt hätten.

Der Weg – Position 4 – Ihr bisheriges Verhalten nach außen: Sie haben sich oft in ein Schneckenhaus zurückgezogen – oder andere gelegentlich auch überrollt. Jetzt gibt es bessere Alternativen.

Der Weg – Position 5 – Vorgeschlagene künftige bewusste Einstellung: Genießen Sie jetzt die Früchte Ihrer bisherigen Bemühungen. Aus Erfahrung besitzen Sie eine neue Klarheit, was Sie zu tun und was Sie zu lassen haben.

Der Weg – Position 6 – Vorgeschlagene künftige emotionale Einstellung: In Zukunft können Sie »einen größeren Teil der Wahrheit« vertragen! Kümmern Sie sich um Verletzungen, aber auch um berechtigte Ansprüche, die noch unerfüllt sind.

Der Weg – Position 7 – Vorgeschlagenes künftiges Verhalten nach außen: Sie verstehen nun besser, was Sie und was andere bewegt. Eine neue Normalität im Umgang mit sich selbst und anderen!

Das Wichtigste in Stichpunkten

Stunde der Wahrheit. Kraft für Neues. Schöpferische Weisheit. *Achtung vor* Trägheit, Schläfrigkeit, Langeweile, Skandalen, Leichtfertigkeit.

Besonderer Hinweis

Der große Metatron leitet die Harmonie des himmlischen Gesangs: diese Karte bedeutet großes Glück. Sie weckt und erinnert in Ihnen die Erfahrung eines völligen Einklangs mit allen Dingen, mit »Gott und der Welt«. Wenn Sie etwas hindert daran, die Harmonie zu genießen, so fordert diese Karte Sie auf, diese Hindernisse zu ergründen – und zu überwinden. Die Zeit dafür ist günstig. Begraben Sie falschen Stolz und falsche Bescheidenheit.

Das könnten Sie tun

Verlieren Sie sich nicht in Einzelheiten! Ziehen Sie ein Resümee aus Ihren bisherigen Erfahrungen, und Sie werden auch bei Themen, bei denen Sie sehr betroffen sind, souverän, umsichtig und selbstverständlich vorgehen können.

Affirmation / Gebet

Ich weiß, dass Gott die erste und die letzte Antwort ist – Leben, Stille und Liebe.

10. NITH-HAIAH

HILFE DURCH WEISHEIT

»Gott ist weise«

Nith-Haiah kümmert sich um Religion und Philosophie sowie um die geheimen Wissenschaften.

Dieser vielen noch unbekannte Engel erkennt und übermittelt Vorhersagen, weil er die Bedeutung der Zeichen und Geschehnisse versteht. Er hilft den Menschen guten Willens, die Frieden für alle lieben, ihre Ziele mit Weisheit und Tatkraft zu erfüllen.

»Wissen ohne Gewissen ist Halbwissen« (Sprichwort) und »Es gibt nichts Gutes, außer man tut es« (nach Erich Kästner): Dieser Engel beeinflusst die Gedanken und enthüllt den Menschen verborgene Geheimnisse, die sie allerdings nie erfahren und begreifen, solange sie nicht danach wahrhaftig leben.

Der Engel Nith-Haiah verleiht denen, die ihn anrufen, die nötige Weisheit, um zu unterscheiden, welche Probleme sie lösen können und welche nicht.

Er erleichtert Gebete, religiöse und alltägliche Rituale und befreit von schädlichen Energien und Gewohnheiten.

Er ist ein mächtiger Wächter und strenger Hüter verschiedener Mysterien. Er hilft den Menschen zu erkennen, was sie brauchen und was nicht. Er befreit sie von unnötigem Wissen – von Ahnungslosigkeit und unsinnigen Gewissensbissen.

Hilfe durch Weisheit

Als Tageskarte: »Dumm ist, wer Dummes macht« (nach »Forrest Gump«). Weise ist, wer weise *handelt*.

Der Weg – Position 1 – Darum geht es: Weisheit hat nicht in erster Linie mit dem IQ oder einem formellen Wissen zu tun, sondern mit der Fähigkeit, aus eigenen und anderer Leute Erfahrungen Konsequenzen zu ziehen.

Der Weg – Position 2 – Ihre bisherige bewusste Einstellung: Früher hatte man ein sehr enges Verständnis von gut und schlecht.

Der Weg – Position 3 – Ihre bisherige emotionale Einstellung: »Glück« bedeutete zuerst vor allem, dass man selbst gut über die Runden kommt.

Der Weg – Position 4 – Ihr bisheriges Verhalten nach außen: Immer wieder gerieten Sie in Konflikte mit Ihren Mitmenschen.

Der Weg – Position 5 – Vorgeschlagene künftige bewusste Einstellung: Heute wissen Sie aus Erfahrung, was scheinbar schlecht ist, kann auch gut sein, und umgekehrt.

Der Weg – Position 6 – Vorgeschlagene künftige emotionale Einstellung: Heute heißt »Glück« für alles (doch nicht für jedes) dankbar zu sein und mit allem (nicht mit jedem) etwas anfangen zu können.

Der Weg – Position 7 – Vorgeschlagenes künftiges Verhalten nach außen: An die Stelle von Konflikten tritt der kreative Umgang mit Ihren Mitmenschen, mit deren Stärken und Schwächen, auch in der Abwehr gegen gewisse Zumutungen.

Das Wichtigste in Stichpunkten
Erfüllte Hoffnungen, gute Aussichten.
Achtung vor Unfähigkeit, Arroganz, niederen Motiven.

Besonderer Hinweis
Nith-Haia gibt denen, die ihm Gehör schenken, die Weisheit, um immer gerecht zu handeln.
Eine gewisse Faulheit oder Fäulnis stoppt den Erfolg, solange Sie die Weisheit aus selbstsüchtigen Gründen suchen.
Alles kann eine Sucht sein, auch eine übertriebene Suche nach Gott.
Vermeiden Sie Selbstsucht und Selbstverlorenheit.
Wenn Sie mit Nith-Haia in Verbindung stehen, haben Sie Selbstkontrolle und ein angemessenes Selbst-Bewusstsein. Sie sind ausgeglichen, beweglich, erfolgreich und ausdauernd in ihren Plänen.

Das könnten Sie tun
Nehmen Sie sich einmal Zeit, in Ruhe nachzudenken und festzuhalten, welche Weisheiten Sie (Ihren) Kindern weitergeben möchten. Welche Weisheiten sind wirklich wichtig? Welche braucht man, um gut durchs Leben zu kommen?

Affirmation/Gebet

Ich bin dankbar für alles.

11. Jabamiah

Hilfe durch Besonnenheit

»Das schaffende Wort Gottes«

Jabamiah, auch Jamabiah genannt, ist ein Engel des Willens und der Energiearbeit. Er hilft denen, die ihn anrufen, die nötige Willenskraft aufzubringen, um jede Form von Sucht – von Leere und Abhängigkeit – zu überwinden.

Wir leben oft mit Alternativen, die schlechte Lösungen darstellen. Viele Gegensätze des Lebens lassen sich nicht vermeiden. Doch sie bleiben schlechte Alternativen und stellen im Grunde eine Notlage, eine Notlösung dar.

Jabamiah steht für die Aufhebung solcher Nöte – für Entscheidungen, die Ihren ungeteilten Einsatz und Ihre ganze Person erfordern. Er fördert die schöpferische Weiterentwicklung des menschlichen Potentials.

Mit seiner Hilfe finden Sie etwas Besseres und brauchen sich nicht mit schlechten Alternativen zufrieden zu geben.

Hilfe durch Besonnenheit

Als Tageskarte: »Wenn du weißt, was du tust, kannst du tun, was du willst« (Moshé Feldenkrais).

Der Weg – Position 1 – Darum geht es: Geisteskräfte und Tatkraft sollen sich hier verbinden, sonst treten Sie auf der Stelle.

Der Weg – Position 2 – Ihre bisherige bewusste Einstellung: Neue Wege erschienen Ihnen oft nur als Risiko.

Der Weg – Position 3 – Ihre bisherige emotionale Einstellung: Entweder waren Sie zu spontan oder zu zögerlich.

Der Weg – Position 4 – Ihr bisheriges Verhalten nach außen: Überraschungen waren Ihnen in der Vergangenheit eher unangenehm.

Der Weg – Position 5 – Vorgeschlagene künftige bewusste Einstellung: »Es gibt Gedanken, die du nicht begreifen kannst, wenn du nicht dein Leben änderst« (Werner Sprenger).

Der Weg – Position 6 – Vorgeschlagene künftige emotionale Einstellung: Holen Sie sich Rat und Hilfe, machen Sie sich schlau, damit Sie eine Herzensentscheidung treffen können.

Der Weg – Position 7 – Vorgeschlagenes künftiges Verhalten nach außen: Jede wirkliche Entwicklung bedeutet auch eine Überraschung und ein kleines oder ein großes Wunder. Gönnen Sie dieses – sich und Ihren Mitmenschen!

Das Wichtigste in Stichpunkten

Zufriedenheit, materielles Glück, Happy end.
Achtung vor unbedachten Schwierigkeiten, widrigen
Umständen, Stillstand.

Besonderer Hinweis

Jabamiah bringt all das Gute ans Licht, das in jedem von uns steckt. Er enthüllt unsere Tugenden und Talente. Vor allem die Begabung, auch und gerade dort eine Lösung zu finden, wo bisher ein Defizit herrscht. Wenn Sie mit Jabamiah in Verbindung stehen, verfügen Sie über eine genaue Wahrnehmung und handeln rasch.
Es hilft nicht, wenn Sie sich von Außenstehenden vom Weg abbringen lassen. Haben Sie Vertrauen in Ihre eigene Kraft. Solange Sie mit »Gott« und allen guten Geistern verbunden bleiben, wird Ihnen Gutes gelingen.

Das könnten Sie tun

Berechtigte Einwände sowie »Zustimmung von der falschen Seite« sollten Sie genau untersuchen. Hinterfragen Sie scheinbare Selbstverständlichkeiten. Es wird sich lohnen.

Affirmation/Gebet

Ich lasse mich nicht drängen oder provozieren.

12. MAHASIAH

HILFE DURCH WACHSTUM

»Mut weiterzugehen«

Mahasiah lehrt Einsicht und Heilung von Problemen und Krankheiten. Er sendet das spirituelle Licht und schenkt uns neue Visionen, die uns beflügeln und stärken.

Er hilft uns, bescheiden zu sein und Misserfolge zu verarbeiten: Alles ist schwer, bevor es leicht wird!

Mahasiah fördert unsere Kompetenz und unsere Bildung. Dabei geht es ihm nicht um Belesenheit oder um Buchwissen, sondern darum, aus eigenen und fremden Erfahrungen zu lernen. Wachstum heißt für ihn nicht zuletzt, vermeidbare Fehler nicht mehr zu wiederholen und ungenutzte Möglichkeiten nicht mehr zu ignorieren.

Er ist der Engel, der in der Lage ist, das Sehvermögen zu verbessern oder wieder herzustellen.

»Man geht nie weiter, als wenn man nicht mehr weiß, wohin man geht« (Johann Wolfgang v. Goethe).

Mahasiah hilft den Menschen, die Veränderungen in ihrem Leben brauchen, sowie denen, die ihre Intuition stärken möchten. Außerdem hilft er bei Prüfungen jeder Art.

Mahasiah hilft uns auch, demütig und zugleich leidenschaftlich und stark zu sein. Wenn er uns schützt, dann stimmt das, was wir mit unserem Bewusstsein wollen, und jenes, was wir uns unbewusst und intuitiv wünschen, überein. »Kopf« und »Bauch« arbeiten zusammen. Die Kraft des Willens wächst. Die Mühen schrumpfen und der Erfolg steigt, denn unsere Energien – Wunsch und Tat – unterstützen sich gegenseitig.

Hilfe durch Wachstum

Als Tageskarte: Fürchten Sie sich nicht! »Neue Dinge treten in Ihr Leben, die manches wie verrückt erscheinen lassen. Das darf man ruhig wörtlich nehmen: Vieles wird ver–rückt, bekommt nun einen neuen Platz im Leben. Für Sie selbst und Ihre Entwicklung ist dies schon jetzt ein Segen!« (Johannes Fiebig)

Der Weg – Position 1 – Darum geht es: »Und jedem Anfang wohnt ein Zauber inne. Der uns beschützt und der uns hilft, zu leben« (Hermann Hesse, *Stufen*).

Der Weg – Position 2 – Ihre bisherige bewusste Einstellung: Als Erwachsener hört man irgendwann auf zu wachsen.

Der Weg – Position 3 – Ihre bisherige emotionale Einstellung: »Ein Abschied schmerzt immer …«

Der Weg – Position 4 – Ihr bisheriges Verhalten nach außen: Routinen bringen Verlässlichkeit.

Der Weg – Position 5 – Vorgeschlagene künftige bewusste Einstellung: Wachsen Sie weiter und entdecken Sie die Früchte der Reife.

Der Weg – Position 6 – Vorgeschlagene künftige emotionale Einstellung: Jeder Abschied ist auch ein Anfang.

Der Weg – Position 7 – Vorgeschlagenes künftiges Verhalten nach außen: Wandel und Entwicklung schaffen Verlässlichkeit, wenn man die anderen daran Teil haben lässt.

Das Wichtigste in Stichpunkten

Kraft, Energie, Unternehmungsgeist, Arbeit, Lernen.
Überwindung von Gefahr und Bedrohung.
Achtung vor Interesselosigkeit, Sprödigkeit, fehlendem oder
falschem Eifer.

Besonderer Hinweis

Mahasiah schenkt einen Platz an der Sonne und macht uns großzügig.
Sie befinden sich in einem Prozess der Transformation und Weiterentwicklung, sowohl in Ihrem Gefühls- als auch in ihrem Arbeitsleben.
Wenn Sie mit Mahasiah in Verbindung stehen, fällt Ihnen das Lernen
leicht, und Sie setzen alles daran, persönlich zu wachsen.

Das könnten Sie tun

Tun Sie heute etwas Besonderes, das Sie beflügelt und begeistert.

Affirmation/Gebet

*Ich konzentriere mich
und lasse alle Sorgen los.*

13. MELAHEL

HILFE DURCH VORSICHT

»Gott ist mit den Achtsamen und Sanftmütigen«

Der Engel Melahel gewährt denen, die ihn um Hilfe bitten, in zweierlei Hinsicht seine Unterstützung. Er ist erstens ein Meister des Naturwissens und der Naturheilkunde. Außerdem schützt er vor großer Hitze, vor Feinden und gewalttätigen Angriffen.

Melahel kann um Schutz, Mut, Kraft und finanziellen Erfolg gebeten werden. Er aktiviert das Vertrauen in die göttliche Kraft in uns. Er lässt uns innerlich in die Tiefe wachsen – und nach außen »über unseren Schatten springen«.

Die Verfeinerung von Sinn und Sinnen ist sein Prinzip und sein Weg. Er bewirkt eine Erweiterung sowie eine Beruhigung unserer Wahrnehmungen.

Wenn es nötig ist, hilft er uns auch, unvermeidliche Schmerzen auszuhalten und daran nicht zu verzweifeln, sondern auch wieder einen Weg zu Gott und in die Mitte des Lebens zu finden. Zur Mitte des Lebens, dessen Teil stets auch Reifung und Absterben sind.

Melahel ist Psalm 121, Vers 8, zugeordnet: »Der Herr behüte dich, wenn du fortgehst und wenn du wiederkommst, von nun an bis in Ewigkeit.«

Hilfe durch Vorsicht

Als Tageskarte: »Schon komisch, wie schnell man vergisst, dass alles, was man tut, für immer ist.« (Wiglaf Droste)

Der Weg – Position 1 – Darum geht es: Eine Bewährungsprobe der Echtheit und der persönlichen Wahrhaftigkeit.

Der Weg – Position 2 – Ihre bisherige bewusste Einstellung: Achtsamkeit und Sanftmut sind ein Luxus, den man sich nicht immer leisten kann.

Der Weg – Position 3 – Ihre bisherige emotionale Einstellung: Manche trauen ihren Gefühlen gar nicht, andere sagen *nur*: Bau auf dein Gefühl!

Der Weg – Position 4 – Ihr bisheriges Verhalten nach außen: Bisher waren Sie gegenüber Ihren Mitmenschen zu wenig aufmerksam oder zu vorsichtig.

Der Weg – Position 5 – Vorgeschlagene künftige bewusste Einstellung: Die Welt gehört den Achtsamen und Sanftmütigen, weil sie den Dingen des Lebens mit mehr Hingabe und Vorsicht begegnen.

Der Weg – Position 6 – Vorgeschlagene künftige emotionale Einstellung: Künftig gilt es, die Gefühle anzunehmen, aber auch zu sortieren: »Die Guten ins Töpfchen, die Schlechten ins Kröpfchen!«

Der Weg – Position 7 – Vorgeschlagenes künftiges Verhalten nach außen: Mit Ihrer Gabe, gut zuzuschauen und gut zuzuhören, besitzen Sie beste Voraussetzungen für einen geschickten, glücklichen Umgang mit Ihrer Mitwelt.

Das Wichtigste in Stichpunkten

Klugheit, Umsicht, wahre Spiritualität, Schweigen.
Achtung vor Hast, Unreife, fehlendem Vertrauen zu Gott und der Welt.

Besonderer Hinweis

Melahel ist ein Mondengel, das heißt, er kennt die Macht der Natur und der Gefühle; er versteht die Betroffenheit und schenkt Herzensgüte.

Wenn in Herzensangelegenheiten einmal Wölkchen auftauchen, so hilft er Ihnen, diese frühzeitig zu erkennen – sie zu umgehen oder aufzulösen.

Solange Sie mit Melahel in Verbindung stehen, sind Sie mutig und vorsichtig. Sie haben keine Angst, risikoreiche Aufgaben und Unternehmungen durchzuführen.

Das könnten Sie tun

Hören Sie gut zu und schauen Sie genau hin!

Affirmation/Gebet

Ich atme tief und ruhe in meiner Mitte.

14. Vehuiah

Hilfe durch Wachheit und Hingabe

»Nur Gott hat die Macht«

Vehuiah ist einer der Seraphim, die wir anrufen und um die Erfüllung unserer Gebete bitten können. Er ist ein Engel, der den Willen und die Glaubenskraft stärkt. Es hilft, ihn bei großen Unternehmungen anzurufen. Er ist hoch, erhaben, aufrecht über allen Dingen stehend. Seine Erhabenheit gewinnt er dadurch, dass er (auch) für andere da ist.

Sein Prinzip besteht darin, wach zu sein für die Erfordernisse des Augenblicks. So, wie es zum Beispiel im Märchen von »Frau Holle« die Goldmarie ist, welche die »Stimme« der Brote hört, die aus dem Backofen genommen, und den »Ruf« der Äpfel, die vom Baum geschüttelt werden wollen. Goldmarie ist wach für diese Erfordernisse des Augenblicks und handelt entsprechend, sie holt die Brote aus dem Ofen und schüttelt die Äpfel.

Jeder Augenblick stellt eine bestimmte »Lage« dar, die bestimmte Chancen und Aufgaben bietet. Die eigene Betroffenheit gehört dabei mit dazu, doch sie ist nur ein Teil des größeren Ganzen.

Vehuiah führt uns so auf ein neues Lebensniveau, worin Heilung, Ganzheit und existentielle Betroffenheit sich verbinden. Er ist ein Engel der Künstler und ein Meister der Lebenskunst für alle.

Der Engel Vehuiah hilft denen, die ihn anrufen, geliebte Menschen und Freunde wiederzufinden. Er verleiht auch die nötige Energie, um Widrigkeiten zu besiegen oder umzuwandeln.

Vehuiah wacht über die ersten Sonnenstrahlen.

Hilfe durch Wachheit und Hingabe

Als Tageskarte: Jedem Menschen stellen sich Lebensaufgaben. Die heutigen Ereignisse geben Ihnen erneut Hinweise, worin diese Aufgaben bestehen.

Der Weg – Position 1 – Darum geht es: Stellen Sie Ihre aktuellen Entscheidungen in den Zusammenhang Ihrer größeren Lebensaufgaben!

Der Weg – Position 2 – Ihre bisherige bewusste Einstellung: Glück erscheint uns oft als eine Frage dessen, wie sehr wir uns durchsetzen können.

Der Weg – Position 3 – Ihre bisherige emotionale Einstellung: Über den Tellerrand der eigenen Betroffenheit hinauszuschauen, ist nicht immer angenehm.

Der Weg – Position 4 – Ihr bisheriges Verhalten nach außen: Wer alleine arbeitet, bleibt auch allein.

Der Weg – Position 5 – Vorgeschlagene künftige bewusste Einstellung: Glück hat stets viele Väter und Mütter. Das Glück kennt nicht nur einen Gewinner!

Der Weg – Position 6 – Vorgeschlagene künftige emotionale Einstellung: Sie gewinnen viele Freunde, sobald Sie Ihr Herz öffnen!

Der Weg – Position 7 – Vorgeschlagenes künftiges Verhalten nach außen: Wer mit anderen zusammen arbeitet, erfährt viel Unterstützung.

Das Wichtigste in Stichpunkten

Glück, auch unvorhergesehenes Gelingen, Erfolg und Segen.
Der richtige Zeitpunkt.
Achtung vor Missgeschick, dem falschen Zeitpunkt,
Ungeschick.

Besonderer Hinweis

Unter dem Schutz dieses Engels gelingt es Ihnen, auf die richtige Weise voranzugehen, um die eigenen Ziele zu erreichen.
Geben Sie Acht, dass Sie nicht aus Eile oder Unaufmerksamkeit in kleinere Unfälle verwickelt werden. Passen Sie gut auf sich auf, doch fürchten Sie sich nicht!
Wenn Sie mit Vehuiah in Verbindung stehen, sind Sie unternehmungslustig und energisch sowie wortgewandt in Rede und Schrift .

Das könnten Sie tun

Denken Sie darüber nach, wo Sie in 10, 20, 30, … Jahren stehen wollen – und auch darüber, was Sie eines Tages Ihren Nachkommen hinterlassen möchten.

Affirmation/Gebet

**Ich bin wach für die Chancen
und die Erfordernisse des Augenblicks.**

15. Jeliel

Hilfe durch Freude

»Das Leben ist schön«

Jeliel, auch Yeliel genannt, steht für Sympathie, Beziehung und Freundschaft. Er besänftigt die Herzen derer, die in Aufruhr sind. Den Menschen, die ihn anrufen, ist er eine inspirierende Muse. Mit seiner Hilfe kann man alle Sprachen verstehen.

»Die Freude, die wir in uns selbst entdecken und mit einem Gegenüber teilen, ist einer der Gründe für unsere ‚lange Reise durch ein kurzes Leben'. Lasse diese Freude sich immer weiter entfalten. Teile Dich mit: sprich mit dem Kollegen, der Dir noch fremd ist; sag' Deiner Freundin, was Dir schon lange stinkt; weihe Deinen Partner oder Dein Kind (mehr) in Deine Geheimnisse ein. Oder mach zum Beispiel Schluss mit der Devise: ‚Kritik immer, Lob selten bis nie' (oder auch umgekehrt). Sag' dem anderen, was Du von ihm brauchst und was Du ihm geben willst. Warte nicht, bis er es vielleicht errät. Je klarer Du Dich mitteilst, desto schöner für beide Seiten« (Evelin Bürger / Johannes Fiebig, *Tarot – Spiegel Deiner Möglichkeiten*).

Jeliel hilft in diesem Sinne, in Beziehungen Frieden zu schaffen. Dazu schürt er mitunter die sexuelle Leidenschaft und stellt die Treue in einer Beziehung auf die Probe. Doch sein Ziel ist Frieden, Liebe und tiefe Freundschaft.

Hilfe durch Freude

Als Tageskarte: »Nichts wird gelernt, außer durch Freude« (Ioanna Salajan)

Der Weg – Position 1 – Darum geht es: Dauerhafte Freude ist Ausdruck des Wissens, dass »es« gut ist.

Der Weg – Position 2 – Ihre bisherige bewusste Einstellung: *Per aspera ad astra* (lat.: durch Mühen und Härten zu den Sternen) – heute leiden, um sich morgen zu freuen.

Der Weg – Position 3 – Ihre bisherige emotionale Einstellung: Lust und Pflicht vertragen sich nicht.

Der Weg – Position 4 – Ihr bisheriges Verhalten nach außen: Wenn man Freunde haben will, darf man keine Trauer zeigen.

Der Weg – Position 5 – Vorgeschlagene künftige bewusste Einstellung: Im »Hier und Jetzt« eine neue Art der Freude erfahren, die nicht aus Leistungen, sondern aus dem Dasein resultiert.

Der Weg – Position 6 – Vorgeschlagene künftige emotionale Einstellung: Lust und Pflicht vertragen sich sehr gut für den, der sich freut.

Der Weg – Position 7 – Vorgeschlagenes künftiges Verhalten nach außen: Freundschaft entsteht und bleibt da, wo wir alle Gefühle miteinander teilen können.

Das Wichtigste in Stichpunkten
Zufriedenheit, Freude, Überfluss, Fruchtbarkeit.
Achtung vor Veränderung, Unbeständigkeit, Launen.

Besonderer Hinweis
Jeliel leitet den Geist und die Gedanken auf liebevolle Art, und dies
hilft dabei, ein schwieriges Karma zu vermeiden oder auszugleichen.
Ein wichtiges Treffen könnte sich als Enttäuschung herausstellen, so-
lange Sie bloß nach alten Prinzipien handeln. Setzen Sie Freude und
Lust an die erste Stelle und entscheiden Sie danach.
Wenn Sie mit Jeliel in Verbindung stehen, sind Sie kreativ und haben
ein Talent, Konflikte zu schlichten.

Das könnten Sie tun
Jeliel hilft, jede Art von Besitz (materielles wie geistiges Eigentum) gerecht zu verteilen. Er hilft auch den zu Unrecht Angegriffenen, sich zu
verteidigen. Helfen Sie dem Engel heute bei seiner Arbeit!

Affirmation/Gebet

**Ich freue mich auf meinen Beitrag,
den ich heute leisten kann.**

16. Sachiel

Hilfe durch Schutz und Geborgenheit

»Ich breite meinen Mantel zum Schutz über dich aus«

Sachiel sorgt für erfolgreiche Planungen und Unternehmungen. Sein Prinzip ist die helfende Hand.

Er ist im besonderen Maße ein Engel des Schutzes, des Wohlstands und des Wohlbehagens, der sprichwörtliche Schutzengel! Der Schutzengel lässt uns wach, offenen Auges und mit bewussten Verstand durch das Leben gehen. Er bewahrt uns vor Schrecken, gerade weil wir nicht die Augen davor verschließen. Und er zeigt uns unsere Chancen wie auch unsere Grenzen, wenn wir auf die eigene Kraft vertrauen.

Er ist der Engel, der uns zu Reichtum und einem angemessenen Luxus führt. Er ist der Engel des Wohlstands und des Wohlbehagens.

Er sorgt auch dafür, dass wir andere an unserem Reichtum und Wohlstand teilhaben lassen.

Er fördert die Geschäfte und Gewinne jeder Art.

Sachiel schenkt uns eine tiefe Ruhe und inneren Frieden.

Hilfe durch Schutz und Geborgenheit

Als Tageskarte: Mit der Kraft dieses Engels entwickeln Sie Wohlstand und Wohlbehagen. Fördern Sie Leidenschaften mit Lust, Sinn und Verstand!

Der Weg – Position 1 – Darum geht es: In jedem Wandel stecken Ruhe und eine tragende Kraft, wenn man sich ihm anvertraut.

Der Weg – Position 2 – Ihre bisherige bewusste Einstellung: Landläufig erscheinen uns Schutz und Geborgenheit vor allem durch materielle Sicherheit gegeben.

Der Weg – Position 3 – Ihre bisherige emotionale Einstellung: Wir suchen Schutz in Gewohnheiten.

Der Weg – Position 4 – Ihr bisheriges Verhalten nach außen: Jeder muss für sich selbst sorgen.

Der Weg – Position 5 – Vorgeschlagene künftige bewusste Einstellung: Den besten Schutz, die schönste Geborgenheit erfahren wir, wenn wir unseren Weg zu »Gott« finden. Es ist der Weg der leidenschaftlichen Liebe (der Gottes-, Selbst- und Nächsten-Liebe)!

Der Weg – Position 6 – Vorgeschlagene künftige emotionale Einstellung: Wir erfahren Geborgenheit, wenn wir in unserer Mitte verweilen.

Der Weg – Position 7 – Vorgeschlagenes künftiges Verhalten nach außen: Jeder Mensch braucht hin und wieder einen Schutzengel. Und jeder Mensch kann auch zu einem »Engel« für sich und seine Mitmenschen werden.

Das Wichtigste in Stichpunkten

Geschenke, Gaben, Belohnung, Wohlbefinden, Wachsamkeit.
Achtung vor Ehrgeiz, Missgunst, Neid, Eifersucht.

Besonderer Hinweis

Er ist der Engel des Wohlstands und des Wohlbehagens. Sachiel fördert die Geschäfte und auch Gewinne jeder Art: ein guter Wind treibt Sie voran. Äußern Sie Ihre Bedürfnisse und haben Sie ein offenes Ohr für die Bedürfnisse anderer. Ihre Liebe und Ihre Selbstachtung blühen dadurch auf.

Natürlich muss man vorsichtig sein, um das Errungene nicht zu verlieren. Doch es geht nicht um Angst oder Geiz, sondern vielmehr um Freude, um Liebe zu sich und seinem Nächsten und um das Lob Gottes.

Das könnten Sie tun

Gehen Sie mit ganzer Energie zur Sache. Sie schützen sich umso besser vor Risiken und Zumutungen, je bewusster Sie mit großen Aufgaben und Herausforderungen umgehen. Atmen Sie gut durch und überlegen Sie in Ruhe!

Affirmation/Gebet

Ich genieße meine und unsere Möglichkeiten.

17. ANAEL

HILFE DURCH LIEBE UND EROS

»Die Wolke Gottes«

Anael, auch Hagiel genannt und oftmals gleichbedeutend mit Erzengel Chamuel, ist einer der sieben Erzengel. Er ist eines der Lichtwesen, die für die menschliche Sexualität zuständig sind. Anael ist der Engel der Liebenden und der Engel der Hochzeit.

Er freut sich über jedes Paar, das sich gefunden hat und den Bund fürs Leben eingehen will. Er kann sich zwar nicht in die Beziehung einmischen, doch bittet man um seinen Schutz, wird er ihn nicht verwehren.

Dabei ist zu bedenken, dass sein Name »Wolke« bedeutet. Das ist ein vielsagender Hinweis. In der Umgangssprache kennen wir die »Wolke 7« (oder auch »Wolke 9«). Aber wir sprechen auch von einem »bewölkten Himmel«, wenn das Wetter nicht sehr heiter ist.

Die Wolke steht als Symbol für Ekstase und Glückseligkeit – für ein schönes Fliegen und Schweben, für Leichtigkeit und Höhepunkte. Und sie stellt den Schatten dar, einen bewölkten Himmel, der das Leben auf der Erde grau erscheinen lässt – Zeichen und Zeit der Geduld und der Klärung. »Im grauen Unscheinbaren verbirgt sich oft das Un-Scheinbare, also das Wesentliche, das zählt« (Johannes Fiebig).

Da Anael ein Engel der Barmherzigkeit und Liebe ist, hilft er uns, wenn wir ihn rufen – in den Glückszeiten ebenso wie in den Prüfungsphasen des (Beziehungs-) Lebens.

Hilfe durch Liebe und Eros

Als Tageskarte: »Liebe dich selbst, und es ist egal, wen du heiratest« (Eva-Maria Zurhorst).

Der Weg – Position 1 – Darum geht es: Hier geht es um Liebe, Erotik und Lebendigkeit. Entscheidungen, die Ihnen Erfüllung bescheren, zeigen den Weg.

Der Weg – Position 2 – Ihre bisherige bewusste Einstellung: Es gibt eine landläufige Vorstellung, nach der alle Verliebtheit mit der Zeit abstumpfe oder stets neue Partner brauche.

Der Weg – Position 3 – Ihre bisherige emotionale Einstellung: Das »Kribbeln im Bauch« erfüllte Sie (nur) in besonderen Momenten …

Der Weg – Position 4 – Ihr bisheriges Verhalten nach außen: In der Liebe haben Sie eine bestimmte Rolle oft wiederholt.

Der Weg – Position 5 – Vorgeschlagene künftige bewusste Einstellung: Wahre Leidenschaften können ein Leben lang weiter wachsen und reifen!

Der Weg – Position 6 – Vorgeschlagene künftige emotionale Einstellung: Erfüllen Sie wichtige Wünsche und bauen Sie grundlose Ängste ab – und das »Kribbeln« wird Ihr Dauerzustand!

Der Weg – Position 7 – Vorgeschlagenes künftiges Verhalten nach außen: Es stehen Ihnen mehr Möglichkeiten offen, und diese nehmen Sie wahr. Sie wählen unter vielen Varianten.

Das Wichtigste in Stichpunkten

Probe, Versuchung, Schönheit, Hoch-Zeit, Paradies, Leidenschaft, Glück.

Achtung vor mangelnder Klärung von Fragen, Wünschen und Problemen, vor fehlender oder übertriebener Kritik, vor falschen Idealen.

Besonderer Hinweis

Anael leitet das Karma der Liebe, und dennoch hängt es von Ihrem eigenen Verhalten ab, ob Sie glücklich sind oder nicht.

Wenn Beziehungsprobleme vorhanden sind, muss man sich ihnen stellen und sie lösen: Dabei ist es wichtig, nicht vorschnell zu handeln.

Wenn Sie mit Anael in Verbindung stehen, sind Sie enthusiastisch und wirken oft selber wie ein Engel.

Das könnten Sie tun

Bitten sie diesen Engel um die Kraft, etwas für die Erfüllung Ihrer wirklichen Wünsche zu tun und auf jede Ersatzbefriedigung zu verzichten.

Affirmation/Gebet

Ich lebe lieber ungewöhnlich.

18. Cassiel

Hilfe durch die Macht der Zeit

»Die Zeit heilt«

Cassiel ist ein Engel der Einsamkeit und der Tränen, der »die Einheit des ewigen Königreiches weiterführt«. Wie Saturn, der römische Gott der Zeit, so erfüllt auch Cassiel eine der wichtigsten Aufgaben.

Als Wächter des siebten Himmels bestimmt er außerdem, wer dort hinein darf, um zu Gott zu gelangen und zur höchsten Sphäre im ganzen Himmel.

Cassiel wird auch mit den Drachen und der Drachenenergie in Verbindung gebracht.

Als Filmfigur tritt er in dem bekannten Film von Wim Wenders »Himmel über Berlin« auf, dort wird er als Schutzengel zu den Menschen der Großstadt gesandt.

Manchmal erscheint er als Engel der Enthaltsamkeit.

Cassiels Symbol ist der Kreis (oder eine Ellipse). Besonders auch die zwei Drachen oder Schlangen, die sich jeweils »in den Schwanz beißen« und somit einen großen Kreis markieren. Dies ist ein heiliges Zeichen der Vollendung und der Unendlichkeit. Zugleich stellt dieser Kreis aber möglicherweise auch eine Warnung dar: eine Wiederholung des Ewig-Gleichen. Cassiel will nicht, dass wir uns im Kreise drehen.

Hilfe durch die Macht der Zeit

Als Tageskarte: Die Zeit heilt viele Wunden und macht Wunder wahr! Haben Sie Vertrauen.

Der Weg – Position 1 – Darum geht es: Langfristige Ziele und alte Wurzeln machen sich in Ihren aktuellen Entscheidungen bemerkbar.

Der Weg – Position 2 – Ihre bisherige bewusste Einstellung: Zuerst achtet man auf die Zeit im Leben kaum. Man verschwendet sie, auch dadurch, dass man sich stets beeilt.

Der Weg – Position 3 – Ihre bisherige emotionale Einstellung: Zuerst spielen die Emotionen Achterbahn, wenn vieles auf einmal geschieht.

Der Weg – Position 4 – Ihr bisheriges Verhalten nach außen: Wie oft haben sie sich um andere nicht gekümmert, mit dem Argument »keine Zeit«!

Der Weg – Position 5 – Vorgeschlagene künftige bewusste Einstellung: Alles hat seine Zeit, und es ist genügend Zeit für alles Wichtige in diesem Leben da.

Der Weg – Position 6 – Vorgeschlagene künftige emotionale Einstellung: Sie werden ruhiger, weil Sie lernen, die Zeit für sich arbeiten zu lassen.

Der Weg – Position 7 – Vorgeschlagenes künftiges Verhalten nach außen: Stehen Sie zu den Menschen und den Aufgaben, die Ihnen am Herzen liegen.

Das Wichtigste in Stichpunkten

Vollendung, Belohnung, gesicherter Erfolg, Fortdauer, Auswanderung, Veränderung des Aufenthaltsortes. *Achtung vor* Flucht, Trägheit, Faulheit, Stagnation, schlechte Belohnung.

Besonderer Hinweis

Er ist der Engel der Zyklen, und besonders der Zyklen, die zuende gehen. Cassiel lehrt uns, dass auf jedes Ende ein Anfang folgt.

Es kündigt sich eine vorübergehende Situation an, die man akzeptieren muss.

Wenn Sie mit Cassiel in Verbindung stehen, gelingt es Ihnen leicht, Wurzeln zu schlagen und – nur scheinbar paradox – zugleich Ihre Flügel besser zu gebrauchen.

Das könnten Sie tun

Bitten Sie diesen Engel um Geduld und Ausdauer, um herauszufinden, was wirklich für Sie möglich und unmöglich ist.

Affirmation/Gebet

Alles, was geschieht, kann verändert, genutzt oder losgelassen werden.

19. ELEMIAH

HILFE DURCH TRANSFORMATION

»Nähre den Fluss des Lebens«

Elemiah hilft uns Menschen, das Schicksal in die eigene Hand zu nehmen, und er lehrt uns, mit Verstorbenen und mit künftigen Generationen in Verbindung zu treten. Er hilft in schweren Zeiten und verleiht die Kraft, sich den Aufgaben zu stellen, die das Leben bringt.

Elemiah gilt auch als Engel des Schutzes für Reisen und Seefahrten.

Dabei ist zu beachten: Er wird als Engel der Begeisterung beschrieben, der den Handel antreibt und zum Erfolg verhilft.

Elemiah erspart uns nicht die Mühen einer langen Reise oder die anhaltenden Anstrengungen, die mit der Lösung einer großen, komplizierten Aufgabe verbunden sein können. Doch er gibt uns das Können und das Geschick, diese Anforderungen zu meistern. Er ermutigt dazu, sich auf das Geschehen und die aktuellen Erfordernisse einzulassen.

Dabei hilft er denen, die ihn anrufen, sich von Negativem zu befreien, ihre Gedanken zu ordnen und Unklarheiten zu bereinigen. Er macht uns sicherer. Und er lässt uns fließender werden!

Blockaden und Scheuklappen, die den Fluss des Lebendigen einschränken, vermag er abzubauen!

Hilfe durch Transformation

Als Tageskarte: »Wasch mir den Pelz, aber mach mich nicht nass« – mit dieser Einstellung kommen Sie jetzt nicht mehr weiter.

Der Weg – Position 1 – Darum geht es: Hier geht es um Veränderungen, die Ihnen unter die Haut gehen, weil sie für Sie wichtig sind.

Der Weg – Position 2 – Ihre bisherige bewusste Einstellung: Mehr aus Gewohnheit als mit Bewusstsein hat man bestimmte Komfortzonen für sich definiert.

Der Weg – Position 3 – Ihre bisherige emotionale Einstellung: Große Herausforderungen haben Sie in Vergangenheit oft in emotionales Chaos gestürzt.

Der Weg – Position 4 – Ihr bisheriges Verhalten nach außen: Zuerst überschatten große Aufgaben auch jedes Zusammensein mit anderen.

Der Weg – Position 5 – Vorgeschlagene künftige bewusste Einstellung: Ihre Komfort- und Ruhezonen ändern sich: Sie verlieren alte und gewinnen neue dazu!

Der Weg – Position 6 – Vorgeschlagene künftige emotionale Einstellung: Sie begrüßen und probieren das Erwartete ebenso wie das Unerwartete.

Der Weg – Position 7 – Vorgeschlagenes künftiges Verhalten nach außen: Holen Sie sich bewusst Hilfe, behelligen Sie nicht jeden in Ihrem Umfeld!

Das Wichtigste in Stichpunkten

Treue, Liebe zu Gott, Mut zur Lücke, Mut zur Veränderung.
Achtung vor kopflosem Tun, Kurzschlussreaktionen,
Wiederholungen, Selbstverlust.

Besonderer Hinweis

Elemiah schenkt uns Licht – seine reine und unermessliche Liebe –
durch praktischen Rat und konsequente Tat.
Menschen, die unter seiner Schirmherrschaft stehen, sind unterneh-
merisch tätig, gehen gern in ihrer Arbeit auf und sinnen über neue
Projekte nach, die sie dann auch in Angriff nehmen und vollenden.

Das könnten Sie tun

Kämpfen Sie ohne Verbissenheit. Bitten Sie den Engel um Hilfe, dass
Sie auch in komplizierten Situationen in Ihrer Mitte verweilen.

Affirmation / Gebet

Gott hilft – auch bei Sturm und auf hoher See.

20. Mitzrael

Hilfe durch Aufrichtigkeit

»Gott steht denen bei, die reinen Herzens sind«

Mitzrael, auch Mizrael oder Mitzael genannt, ist der Engel der Geschicklichkeit und der praktischen Fähigkeiten. Sein Geheimnis, sein Prinzip jedoch sind Ehrlichkeit und Aufrichtigkeit.

Er unterstützt alle, die ihn anrufen, gegen Unterdrückung, Verfolgung und Eifersucht. Er hilft uns bei psychischen und mentalen Störungen. Mit seiner Kraft wird es uns leicht, gesellschaftliche Anerkennung oder die Achtung bestimmter Menschen zu erlangen.

Mitzrael flößt den Herzen den Wunsch nach großer Liebe und nach einer ganz und gar wahrhaftigen Aufrichtigkeit ein. Er schenkt uns eine mitreißende Leidenschaftlichkeit – eine »ganzheitliche« Beherztheit im Tun wie im Ruhen.

Vielleicht wundern Sie sich, dass dieser Engel Sie sehr betroffen macht. Doch das ist gerade sein Thema: eine persönliche Betroffenheit, bei der es um das »Ganze«, um das »Heile« und »Heilige« in Ihrem Leben geht.

Mitunter mag diese Erfahrung wehtun; in vielen Fällen jedoch beschert sie Ruhe, Klarheit und unumstößliche Gewissheit.

Hilfe durch Aufrichtigkeit

Als Tageskarte: Kommen Sie mit sich ins Reine. Suchen Sie eine Aussprache oder eine Ruhephase zur Besinnung.

Der Weg – Position 1 – Darum geht es: Nur über eine klare und ehrliche Einstellung führt der Weg weiter.

Der Weg – Position 2 – Ihre bisherige bewusste Einstellung: Kompromisse sind nicht immer zu vermeiden.

Der Weg – Position 3 – Ihre bisherige emotionale Einstellung: Wir alle haben einmal akzeptiert, dass wir mit bestimmten Wünschen nicht mehr weiter kommen.

Der Weg – Position 4 – Ihr bisheriges Verhalten nach außen: Man erwartet die Erfüllung vieler Wünsche von anderen.

Der Weg – Position 5 – Vorgeschlagene künftige bewusste Einstellung: Manche alten Kompromisse können gekündigt und in neue Lösungen umgewandelt werden.

Der Weg – Position 6 – Vorgeschlagene künftige emotionale Einstellung: Wenn wir reifer werden und wachsen, bieten sich neue Möglichkeiten für alte Wünsche.

Der Weg – Position 7 – Vorgeschlagenes künftiges Verhalten nach außen: Mit der Zeit lernt man, dass der Schlüssel zur Erfüllung wichtiger Wünsche bei einem selbst liegt.

Das Wichtigste in Stichpunkten

Lauterkeit, Leidenschaft, Gerechtigkeit, Harmonie der Emotionen. Vertrauen ins Schicksal, Respekt vor der natürlichen Ordnung. *Achtung vor* Vorurteilen, übertriebener Strenge, Frömmelei, Schicksalsgläubigkeit, Amtsmissbrauch, Schwindel.

Besonderer Hinweis

Ein Wunsch nach neuer Leidenschaft kann eine bestehende Beziehung belasten, wenn Sie nicht bewusst und gern mit Ihren Wünschen umgehen und daher Mitzrael zu spät um Hilfe rufen. Ihre Wünsche sind nicht das Problem, eher Ihre Vorstellung, diese Ziele nicht in, mit oder neben Ihren bestehenden Beziehungen verwirklichen zu können. Wenn Sie mit Mitzrael in Verbindung stehen, verfügen Sie in besonderem Maße über persönliche Reife, auch was die Umsetzung Ihrer großen Wünsche angeht.

Das könnten Sie tun

Machen Sie aus Ihrem Herzen keine »Mördergrube«! Schenken Sie reinen Wein ein, zunächst sich selbst!

Affirmation/Gebet

Gott, hilf mir zu lieben – ohne zu leiden und ohne zu verletzen.

21. Jeialel

Hilfe durch Ausdauer

»Gott verwandelt Verzweiflung in neue Zuversicht«

Jeialel hilft uns, Kraft, Autorität und Ausdauer zu steigern. Einige Quellen berichten, dass er denen beisteht, die unter Traurigkeit, Zwängen oder Krankheiten leiden.

Manche sagen auch: Jeialel ist ein Helfer für Grenzerfahrungen. Besonders solche Momente, in denen wir uns am Ende unserer Kräfte fühlen, werden durch Jeialel gelindert, gebessert und geheilt.

Jeialel beschützt die Brautpaare und alle, die sich lieben. Er hilft, verwandte Seelen zu finden und Liebesträume zu verwirklichen.

Eine Spezialität dieses Engels ist es, uns zu helfen, der Liebe in Krisen- und Grenzsituationen treu zu bleiben. Er findet die richtige Antwort und einen neuen Ausweg, auch in einer neuen Situation, in der sich die Liebe zwischen den beteiligten Partnern erneut bewähren muss.

Wenn Sie mit Jeialel in Verbindung stehen, haben Sie einen ausgeprägten Sinn für Grundsatzfragen und wissen den Wert vieler Dinge neu zu schätzen. Das Leben erweist sich immer wieder als größer als unsere bisherigen Vorstellungen!

Hilfe durch Ausdauer

Als Tageskarte: Hüten Sie sich vor Hektik und Lethargie. Halten Sie durch. Achten Sie auf einen ruhigen, kräftigen Atem!

Der Weg – Position 1 – Darum geht es: Auch manche persönlichen Ziele bedürfen einer Lehr- und Ausbildungszeit, so wie wir es für berufliche Ziele kennen.

Der Weg – Position 2 – Ihre bisherige bewusste Einstellung: Ein bewusstes Training haben wir vor allem in Schule und Beruf erfahren.

Der Weg – Position 3 – Ihre bisherige emotionale Einstellung: Liebe und Glück erscheinen oft unbegreiflich.

Der Weg – Position 4 – Ihr bisheriges Verhalten nach außen: Wir haben die Neigung, uns um das am meisten zu kümmern, was wir am besten können.

Der Weg – Position 5 – Vorgeschlagene künftige bewusste Einstellung: Auch persönliche Fragen und Herzensdinge brauchen Training und Ausbildung.

Der Weg – Position 6 – Vorgeschlagene künftige emotionale Einstellung: Wie es eine rationale Intelligenz (IQ) gibt, so gibt es auch eine emotionale Intelligenz (EQ).

Der Weg – Position 7 – Vorgeschlagenes künftiges Verhalten nach außen: Geben Sie sich einen Ruck und kümmern Sie sich um das, was sie noch nicht können, aber gerne möchten.

Das Wichtigste in Stichpunkten

Das Ende einer Angelegenheit, der jedoch fälschlicherweise zuviel Wichtigkeit zugemessen wurde. Glück, große Freude, neue Zuversicht.
Achtung vor fehlender Geduld oder mangelnder Bescheidenheit.

Besonderer Hinweis

»Der Glaube versetzt Berge«: Wenn wir an die falschen Dinge glauben, türmen wir ein Hindernis nach dem anderen vor uns auf. Ein geeigneter Glaube macht vieles leichter. Jeialel hilft uns, den Glauben zu erneuern und untaugliche Vorstellungen loszulassen.
Schädlich und anstrengend ist es, »sein Fähnchen nach dem Wind zu hängen«. Schlau und angenehm ist es, dem Fluss der Energien – den eigenen wie den Energien der anderen – zu folgen: »Lausche und folge dem Fluss«!

Das könnten Sie tun

Stellen Sie sich auf einen langen Weg ein. Sie benötigen Vorräte und Ruhephasen.

Affirmation/Gebet

Ich lasse mich auf die Anforderungen ein –
und gestalte sie!

22. Raziel

Hilfe durch Einsicht

»Nichts ist zu klein – nichts ist zu groß«

Raziel, auch Rasiel genannt, bedeutet soviel wie »Gottes Geheimnis«. Er erklärt uns Dinge, Geschehnisse und Gedanken, die wir zunächst nicht verstehen.

Er ist der Engel der heiligen Mysterien. Er gilt auch als der Engel der Geheimhaltung.

Der Legende nach ist er der Autor des »Buchs des Engels Raziel«.

Er vermittelt uns Wissen, dabei wacht er besonders über unsere Originalität und Wahrheitsliebe. Raziel unterstützt uns damit in Familienangelegenheiten und verringert bestehende Uneinigkeiten.

Er fördert einen fruchtbaren Umgang mit Emotionen: »Wer heilt, hat Recht«, so steht es geschrieben. Und: »Was fruchtbar ist, allein ist wahr« (J. W. v. Goethe).

Schließlich ist Raziel auch ein Wächter, ein Freund und Helfer auf dem Gebiet der reinen Ideen.

So bedeutet uns Raziel, das Bewusstsein zu schärfen, Widersprüche zu benennen und die Einheit hinter allen Gegensätzen zu suchen. Mit seiner Hilfe achten wir und fördern wir die Konsequenz, die innere Übereinstimmung von Denken und Tun.

Sie befreien sich von Zweifeln und Zweideutigkeiten.

Hilfe durch Einsicht

Als Tageskarte: Überlegen Sie gut, was Sie wem sagen.

Der Weg – Position 1 – Darum geht es: »Einsicht ist der erste Schritt zur Besserung.«

Der Weg – Position 2 – Ihre bisherige bewusste Einstellung: »Der Zweck heiligt die Mittel«, so sagt man.

Der Weg – Position 3 – Ihre bisherige emotionale Einstellung: Gefühle und Vernunft kamen bisher oft nicht auf einen Nenner.

Der Weg – Position 4 – Ihr bisheriges Verhalten nach außen: Man möchte seinem Partner alles erzählen. Und von ihm alles erzählt bekommen.

Der Weg – Position 5 – Vorgeschlagene künftige bewusste Einstellung: Tatsächlich aber heiligt der Zweck nicht jedes Mittel.

Der Weg – Position 6 – Vorgeschlagene künftige emotionale Einstellung: Mit Vernunft lassen Sie Ihre Gefühle wie die des Partners gelten.

Der Weg – Position 7 – Vorgeschlagenes künftiges Verhalten nach außen: Gefühle mit Geschick zu teilen, heißt manchmal auch, sie für sich zu behalten.

Das Wichtigste in Stichpunkten

Geradlinigkeit, Mut, Gewandtheit, Geschicklichkeit, Ehrlichkeit.

Achtung vor Unvorsichtigkeit, Übertreibung, Mangel an Einfachheit.

Besonderer Hinweis

Mit Sensibilität und Einsicht werden Sie Raziels Ratschläge verstehen. Problematische Beziehungen mit Verwandten können mit seiner Hilfe beendet und aufgelöst werden.

Verstehen Sie es als ein Geschenk des Himmels, dass Ihnen hier Verständnis und Geist neu angeboten werden. Nehmen Sie es an, nutzen Sie Ihre Geistesgaben, um neue Lösungen zu finden – für ein lebenswertes Leben auf einer menschlichen Erde und in Ihrer persönlichen Welt.

Das könnten Sie tun

Ein richtiges Wort zur richtigen Zeit kann Wunder wirken. Sprechen Sie aus, was wahr und heilsam ist.

Affirmation / Gebet

›Gott‹ ist, was gut ist. ›Gott‹ ist die Antwort.

23. NATHANAEL

HILFE BEI ENGPÄSSEN

»Gott gibt«

In alttestamentarischen Legenden ist Nathanael ein Feuer- und Racheengel.

Er ist aber auch ein Engel, der versteckte Dinge aufzudecken vermag. Sein Anliegen ist der Schutz, aber besonders auch das Erwachen der Menschen. Nathanael will gleichsam, dass unseres inneres Feuer, der Funke Gottes und die Flamme der Begeisterung in jedem von uns nicht nur bewahrt, sondern gestärkt und vergrößert werden.

So ist in heutiger Auffassung Nathanael vor allem der Engel der menschlichen Evolution. Er hilft uns, zu wachsen und bei Schwierigkeiten nicht aufzugeben, sondern neue produktive Möglichkeiten des Zusammenlebens zu entdecken.

Ein Segen der Feuerenergien besteht darin, dass sie sich dadurch erneuern, dass wir sie verbrauchen. Nathanael lehrt uns, dieses Geschenk des Himmels zu nutzen. Er zeigt uns, wie wir mit viel Feuer – sprich mit Hingabe, Begeisterung und Power – leben können. Seine Botschaft sind die Treue zu Gott, der Wille zu sich selbst und die Lust, über sich hinauszuwachsen.

Nathanael weiß: Wenn wir auf diese Weise das Feuer schüren und meistern, dann macht uns Gott immer neue Geschenke. Er ermöglicht eine kreative Weiterentwicklung, nicht zuletzt bei Schwierigkeiten oder in Engpässen.

Hilfe bei Engpässen

Als Tageskarte: Not macht erfinderisch, wenn man sich von ihr nicht schachmatt setzen lässt!

Der Weg – Position 1 – Darum geht es: Wenn es eng wird, muss man die Reichweite seiner Gedanken und die Reichweite seiner persönlichen Verbindungen erhöhen!

Der Weg – Position 2 – Ihre bisherige bewusste Einstellung: Vieles haben Sie bisher auf sich selbst bezogen und gedacht, Sie müssten es allein lösen.

Der Weg – Position 3 – Ihre bisherige emotionale Einstellung: Dass Sie sich gut fühlen, ist ein wichtiger Maßstab.

Der Weg – Position 4 – Ihr bisheriges Verhalten nach außen: Oft waren Sie für andere kurz angebunden – und erwarteten von Ihrer / Ihrem Liebsten dafür umso mehr.

Der Weg – Position 5 – Vorgeschlagene künftige bewusste Einstellung: Sie brauchen mehr Aufmerksamkeit für andere. Und Sie bekommen mehr Unterstützung.

Der Weg – Position 6 – Vorgeschlagene künftige emotionale Einstellung: Wichtig ist, dass Sie sich in Ihrem Umfeld wohl fühlen und Ihre Mitmenschen mit Ihnen!

Der Weg – Position 7 – Vorgeschlagenes künftiges Verhalten nach außen: Überfrachten Sie Ihre Beziehung nicht, und unterstützen Sie Lösungen, die vielen Menschen Freude bringen.

Das Wichtigste in Stichpunkten

Achtsamkeit, Umsicht, wahre Spiritualität, Schweigen, Selbstgenügsamkeit, Wachheit. *Achtung vor* übermäßiger Vorsicht oder Unvorsichtigkeit, Hast, Unreife, sinnlosem Tun, fehlendem Zutrauen zu Mitmenschen.

Besonderer Hinweis

Dank dieses Engels kann man auf aufrichtige Freundschaften und intensive Beziehungen bauen. Geben Sie nichts auf Gerüchte und »Unkenrufe«.

Es mag Erfahrungen geben, die Sie vom Feuer abhalten. »Gebranntes Kind scheut das Feuer.« Doch gerade solche Verletzungen zeigen, dass es nun Ihre Aufgabe ist, das Feuer zu meistern. Nathanael hilft Ihnen dabei ohne Einschränkung oder Vorbehalt.

Tragen Sie dazu bei, dass menschliche Kälte, Farblosigkeit und Lustfeindlichkeit in ihre Schranken verwiesen werden, ebenso wie die gewaltsamen Feuerkräfte, die über die Erde irrlichten.

Das könnten Sie tun

Verstärken Sie die Zusammenarbeit. Wer alleine arbeitet, dessen Kräfte addieren sich. Wer mit anderen zusammenarbeitet, dessen Kräfte multiplizieren sich.

Affirmation/Gebet

Mit des Himmels Hilfe geht es weiter.

24. ANANCHEL

HILFE AUS SACKGASSEN

»Gott ist gnädig«

Ananchel, der Engel der Barmherzigkeit, wird auch als Engel der Anmut bezeichnet.

Ananchel wird auch die »Gnade Gottes« genannt. Ananchel bietet uns die Erfahrung, das Herz weit zu öffnen und die himmlische Liebe und Güte voll zu erleben.

Seine Hilfe besteht darin, mit dem Kosmos, mit Gott und der Welt eins zu sein. Dieses Einssein öffnet die Tür zu unerwarteten Lösungen und letztlich die Tür zu allem.

Ananchel schenkt uns die Kraft der Stille und den Erfindungsgeist, der daraus erwächst. Er hilft uns, auf Gott zu vertrauen und so immer wieder neu zu sich zu finden. Er vermittelt das Geschick, einen Ausweg zu erkennen und eine Brücke zu bauen. Damit ist er auch ein Schutzengel aller Künstler (und Lebenskünstler).

Er steht für das Unplanbare und das Unvorhergesehene. Doch auf seine Hilfe und Gottes Gnade dürfen wir bauen, auch wenn wir nicht wissen, wie sie beim nächsten Mal zu uns und unseren Nächsten kommt.

Hilfe aus Sackgassen

Als Tageskarte: So geht es nicht weiter!

Der Weg – Position 1 – Darum geht es: Der gewohnte Weg führt in einer bestimmten Hinsicht nicht mehr weiter. Ihre kreativen Kräfte wollen wiederbelebt werden. Geben Sie ihnen Raum.

Der Weg – Position 2 – Ihre bisherige bewusste Einstellung: Ihre Leistungen und Ihre Verantwortung standen im Mittelpunkt.

Der Weg – Position 3 – Ihre bisherige emotionale Einstellung: Jede Sackgasse, in die wir rennen, macht uns auch eine bestimmte Art von Quälerei deutlich, die wir aufgeben sollen.

Der Weg – Position 4 – Ihr bisheriges Verhalten nach außen: Zunächst ist man sehr mit sich selbst beschäftigt, mit seiner Familie, seinem Team usw.

Der Weg – Position 5 – Vorgeschlagene künftige bewusste Einstellung: Vertrauen und Dankbarkeit werden immer wichtigere Erfolgsfaktoren.

Der Weg – Position 6 – Vorgeschlagene künftige emotionale Einstellung: Suchen Sie nach einem Lösungsweg, der Ihnen leicht fällt.

Der Weg – Position 7 – Vorgeschlagenes künftiges Verhalten nach außen: Es geht um das Wohl der Gesamtheit. Alle wichtigen Dinge im Leben sind größer als das eigene Ich.

Das Wichtigste in Stichpunkten

Erwartete und unerwartete Gaben, Geschenke und Aufgaben, Belohnung, erfüllte Hoffnungen, gute Aussichten. *Achtung vor* Unsicherheit, Nachlässigkeit, Mangel an Initiativen, Flucht aus der Wirklichkeit.

Besonderer Hinweis

Ananchel beflügelt all diejenigen, die kreativen Tätigkeiten nachgehen, und entwickelt die Macht der göttlichen Gnade vor allem Künstlern gegenüber.

Dabei erwartet er, die Selbstkritik in Bezug auf die eigenen Entscheidungen und Positionen stärker zu entwickeln.

Das könnten Sie tun

Seien Sie gnädig zu anderen, und geben Sie auch sich selbst eine neue Chance!

Affirmation/Gebet

Ich bin bereit zu Demut und Neuanfang.

25. SHEKINAH

HILFE AUS VERIRRUNG

»Hingabe an das Leben«

Shekinah ist ein Engel der Heilung von Körper, Geist und Seele. Er oder sie ist auch ein Engel der Befreiung und des Friedens.

Shekinah ist den Menschen sehr nahe und bringt sie dazu, gerecht und fair zu sein.

Menschen, die gerecht und rechtschaffen sind, werden von Shekinah besonders unterstützt.

Shekinah ist die unsichtbare, aber spürbare Kraft der natürlichen Wandlung – eine Kraft, die bereits vorhanden ist, deren Bedeutung sich aber noch in neuem Unfang bestätigen wird. Dieser Engel will, dass wir unterscheiden, was zu trennen ist, und zusammenbringen, was zusammen gehört.

Wenn wir uns ganz dem Leben hingeben, wird Shekinah uns dorthin führen, wo Wahrheit und Wirklichkeit zu finden sind.

Hilfe aus Verirrung

Als Tageskarte: Das Woher und Wohin gilt es neu zu bedenken. Was waren Ihre ursprünglichen Ziele?

Der Weg – Position 1 – Darum geht es: Es mag seltsam klingen, doch in Ihren aktuellen Fragen müssen Sie sich auf das besinnen, was Ihnen heilig ist.

Der Weg – Position 2 – Ihre bisherige bewusste Einstellung: Nur nicht übertreiben oder dramatisieren …

Der Weg – Position 3 – Ihre bisherige emotionale Einstellung: Sie haben Ihr Bestes gegeben und sich mit Recht gegen weitere Zumutungen gewehrt.

Der Weg – Position 4 – Ihr bisheriges Verhalten nach außen: Sie haben Macht und Ohnmacht erfahren und eingesetzt.

Der Weg – Position 5 – Vorgeschlagene künftige bewusste Einstellung: Besondere Zeiten erfordern besondere Maßnahmen!

Der Weg – Position 6 – Vorgeschlagene künftige emotionale Einstellung: Doch manchmal geht der Ruf des Lebens über alles Dagewesene hinaus. Diese »Zumutung« tut Ihnen gut!

Der Weg – Position 7 – Vorgeschlagenes künftiges Verhalten nach außen: Lassen Sie Macht und Ohnmacht – beides – hinter sich!

Das Wichtigste in Stichpunkten

Klarheit, Daseinsfreude, Spiel, Menschlichkeit. *Achtung vor* Scheingefechten, dem Ringen um materielle oder geistige Reichtümer.

Besonderer Hinweis

Shekinah dringt in die Tiefe des Herzens aller vor und macht Ihnen das Göttliche bewusst, das in Ihnen steckt. Es ist sinnlos zu versuchen, das Heilige mit Hilfe der Vernunft zu verstehen.
Laden Sie Shekinah zu sich ein. Er wird Sie unterstützen. Lauschen Sie auf den Rhythmus des Atems, auf den Pulsschlag der Ereignisse. Wenn wir uns lebendig, verspielt und einfallsreich erleben, dann wissen wir, dass Shekinah nahe ist.

Das könnten Sie tun

Helfen Sie anderen, die sich verirrt oder verrannt haben. Geduldig und liebevoll, aber nicht kritiklos.

Affirmation/Gebet

Ich bin lebendig, spielerisch und einfallsreich.

26. LAUVIAH

HILFE BEI BEDROHUNG

»Alte Weisheit – neue Wahrheit«

Der Engel Lauviah, auch Loviah, Lauvuel, Liavah genannt, bietet denen, die ihn anrufen, Schutz vor Betrügereien und sorgt für ein erfolgreiches Gelingen der Vorhaben. Er hilft, Projekte zu realisieren.

Lauviah kennt die magischen Bannformeln und verhilft zu erstaunlich leichten Lösungen bei schwierigen Problemen.

Diese magischen Bannformeln aber sind die uralten Weisheiten der Religionen – wenn wir sie persönlich, mit unseren Worten und für unsere aktuelle Situation formulieren.

Es müssen keine perfekten Sätze, keine vollendeten Erkenntnisse sein. Lauviah hilft uns, mit eigenen Worten zu beten und beim Beten nicht nur zu bitten.

Er will, dass wir die Lage und die persönlichen Aufgaben einschätzen.

Lauviah hilft uns, das alte Wissen unserer Vorfahren und Vorvorfahren neu zu verstehen und zu nutzen.

Hilfe bei Bedrohungen

Als Tageskarte: Fürchten Sie sich nicht vor den Herausforderungen des Lebens. Finden Sie Ihren Weg zu »Gott«!

Der Weg – Position 1 – Darum geht es: Große Herausforderungen locken Sie aus der Reserve. Das ist gut so!

Der Weg – Position 2 – Ihre bisherige bewusste Einstellung: Man hält sich an gesicherte Wahrheiten, weil man sich dadurch auf sicherem Terrain bewegt.

Der Weg – Position 3 – Ihre bisherige emotionale Einstellung: Bei großen Herausforderungen ist man irritiert.

Der Weg – Position 4 – Ihr bisheriges Verhalten nach außen: Zivilcourage ist nicht immer populär.

Der Weg – Position 5 – Vorgeschlagene künftige bewusste Einstellung: Wenn es in Neuland und unsicheres Gelände geht, helfen uns die Gebete und die Antworten der großen Religionen, wenn wir sie in eigene Sprache fassen.

Der Weg – Position 6 – Vorgeschlagene künftige emotionale Einstellung: Alle großen Heilsgeschichten handeln davon, wie wir in unvorhersehbaren Situationen bestehen.

Der Weg – Position 7 – Vorgeschlagenes künftiges Verhalten nach außen: Zivilcourage und Mut zur Selbstständigkeit sind notwendig!

Das Wichtigste in Stichpunkten

Triumph, Fruchtbarkeit, Ausweg, neue Freude.
Achtung vor Hemmungen jeder Art, vor unterschätzten
Hindernissen und unberücksichtigten Gegenkräften.

Besonderer Hinweis

Lauviah verkörpert die kosmische Reinheit und versucht, die Menschen klarer, aufrichtiger und sensibler zu machen. Diese Mühen werden belohnt. Dabei ist es sinnlos, nach Ausflüchten zu suchen, denn der Engel sieht alles.
Wenn Sie mit Lauviah in Verbindung stehen, finden Sie leicht Zugang zur himmlischen Welt. Sie stellen sich Herausforderungen sowohl im Gefühls- wie im Arbeitsleben.

Das könnten Sie tun

Handeln Sie: »Und wenn ich wüsste, dass morgen der jüngste Tag wäre, würde ich heute noch ein Apfelbäumchen pflanzen« (Martin Luther).

Affirmation/Gebet

Ich nutze alles verfügbare Wissen.

27. ACHAIAH

HILFE DURCH GEDULD

»Alles geschieht zur richtigen Zeit«

Achaiah ist der Engel der Geduld. Wir wollen vieles sofort haben und keine Sekunde später. Achaiah hilft uns, dieses Verlangen zu zügeln.

Dadurch sparen wir nicht nur riesige Mengen an Geld, Kraft und Zeit. Sondern wir erreichen auch besser und bewusster unser Ziel.

Er oder sie hilft uns auch, Trägheit und Lustlosigkeit zu überwinden. Er schützt uns auch vor Nachlässigkeit.

Er sendet Güte und Vermittlungsfähigkeit. Am beeindruckendsten jedoch ist Achaiahs Fähigkeit, Hindernisse zu beseitigen, Feindschaft in Freundschaft umzuwandeln und das Schicksal auch von großen Gruppen zu verstehen.

Hilfe durch Geduld

Als Tageskarte: Wenn Sie mit Geduld auf den richtigen Augenblick warten, dann arbeitet die Zeit für Sie!

Der Weg – Position 1 – Darum geht es: Geduld haben heißt, verschiedene Maßstäbe zu berücksichtigen.

Der Weg – Position 2 – Ihre bisherige bewusste Einstellung: Man möchte planen, und danach sollen die Ergebnisse möglichst dem Plan entsprechen.

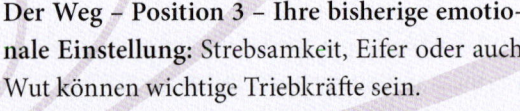

Der Weg – Position 3 – Ihre bisherige emotionale Einstellung: Strebsamkeit, Eifer oder auch Wut können wichtige Triebkräfte sein.

Der Weg – Position 4 – Ihr bisheriges Verhalten nach außen: Waren Sie bisher zu geduldig oder zu ungeduldig mit anderen?

Der Weg – Position 5 – Vorgeschlagene künftige bewusste Einstellung: Geschickt ist es, zu planen, und dann den Plan den tatsächlichen Entwicklungen anzupassen.

Der Weg – Position 6 – Vorgeschlagene künftige emotionale Einstellung: Geduldsproben trennen produktiven Eifer von Strebertum und gesunde Wut von Hass.

Der Weg – Position 7 – Vorgeschlagenes künftiges Verhalten nach außen: Geduld heißt Zeit haben, Zeit haben heißt wissen, was man tut.

Das Wichtigste in Stichpunkten

Glück, Erfolg, Gewinn zur richtigen Zeit.
Achtung vor Verrat, Widersprüchen, Ausreden, Schwierigkeiten,
vor dem falschen Zeitpunkt.

Besonderer Hinweis

Achaiah schenkt uns Geduld und Verständnis. Er zeigt denen, die sich ihm anvertrauen, sein Wohlwollen. Dabei ist es hilfreich, nicht nur nach dem eigenen Willen zu handeln, sondern auch auf die anderen zu hören.

Wenn Sie mit Achaiah in Verbindung stehen, haben Sie den Mut, komplizierte Probleme anzugehen, langfristige Arbeiten auszuführen und schwierige Aufgaben zu übernehmen. Mit seiner Hilfe werden Sie sie nicht nur meistern, sondern unterdessen auch Ruhe und Glück erfahren.

Das könnten Sie tun

Solange Sie warten müssen, können Sie die Wartezeit für andere Aufgaben sinnvoll nutzen.

Affirmation/Gebet

Alles geschieht zur richtigen Zeit.

28. HAZIEL

HILFE DURCH FRIEDEN

»Gott des Erbarmens«

Der Engel Haziel, auch Aziel genannt, lehrt die beiden göttlichen Tugenden: Gerechtigkeit und Barmherzigkeit. Er ist der Friedensstifter.

Haziel hilft denen, die ihn anrufen, dass gegebene Versprechen eingehalten werden, und erleichtert das Verzeihen und die Versöhnung.

Außerdem kennt er die geheimen Schätze, die unter der Erdoberfläche verborgen liegen. Das betrifft nicht nur die Bodenschätze und andere materielle Dinge.

Haziel kennt auch die verborgenen Talente in jedem von uns. Er weiß um unsere Wünsche, unsere Nöte, aber auch um unsere unentdeckten Kräfte und unsere zusätzlichen Möglichkeiten.

Eben darum ist es ihm gegeben, stille Reserven zu wecken, Hoffnungen und Versprechen einzulösen.

Hilfe durch Frieden

Als Tageskarte: Beenden Sie einen schwelenden Streit – durch Versöhnung oder durch Abschied, auf dass nicht Ruhe, sondern Frieden herrscht!

Der Weg – Position 1 – Darum geht es: Auch mit einem schweren Schicksal kann man Frieden schließen!

Der Weg – Position 2 – Ihre bisherige bewusste Einstellung: Spielregeln und Kompromisse sind wichtig für ein friedliches Zusammenleben.

Der Weg – Position 3 – Ihre bisherige emotionale Einstellung: Es gibt Kompromisse, bei denen jeder verliert.

Der Weg – Position 4 – Ihr bisheriges Verhalten nach außen: Wo es Gewinner gibt, gibt es auch Verlierer …

Der Weg – Position 5 – Vorgeschlagene künftige bewusste Einstellung: Wenn Kompromisse nicht zum Frieden führen, muss man sich trennen oder sich lieben, so wie man ist!

Der Weg – Position 6 – Vorgeschlagene künftige emotionale Einstellung: Es gibt Lösungen, bei denen jeder gewinnt.

Der Weg – Position 7 – Vorgeschlagenes künftiges Verhalten nach außen: Wenn die Liebe gewinnt, gewinnen alle, und nicht mehr einer auf Kosten des anderen.

Das Wichtigste in Stichpunkten

Gerechtigkeit und Barmherzigkeit, Zufriedenheit, Freude, Beständigkeit.
Achtung vor Veränderung, Unbeständigkeit, fehlendem oder übertriebenem Willen.

Besonderer Hinweis

Haziel ist ein Engel der Barmherzigkeit, der auch bei einem schwierigen Karma Beistand leistet. Er erinnert daran, dass die Sonne immer scheint, auch wenn sie von Wolken verdeckt ist.

Doch alle Geduld hat auch eine Grenze, und es ist besser innezuhalten, bevor man sie überschreitet.

Wenn Sie mit Haziel in Verbindung stehen, sind Sie nicht nachtragend und verurteilen andere nicht wegen ihrer Fehler und Irrtümer. Außerdem halten Sie Ihr Wort.

Das könnten Sie tun

Geben Sie Frieden und seien Sie zufrieden mit sich!

Affirmation/Gebet

Ich schaffe Frieden.

29. Chavakiah

Hilfe durch Güte

»Gott ist Freude«

Chavakiah, auch Kevakiah oder (selten) Chavakian genannt, hilft uns dabei, alte Konflikte zu lösen und zu versöhnen.

So zählt es zu seinen besonderen Gaben, Frieden innerhalb der Familie zu halten und Probleme bei einer Erbschaft, einer Güterteilung oder einer sonstigen familiären Vereinbarung zu vermeiden.

Er ist ein guter Friedensstifter. Mit seinem Schutz gelingt es uns, einen Feind zum Freund werden zu lassen.

Lösen Sie sich aus allen Verpflichtungen und Beziehungen, in denen Gefühle verletzt sind.

Dieser Himmelsbote warnt vor Illusionen und zu hoch gesteckten Erwartungen.
    Er ermuntert jedoch zu großen Zielen und mutigen Schritten dorthin.

Hilfe durch Güte

Als Tageskarte: Güte ist angewandte Liebe.

Der Weg – Position 1 – Darum geht es: Güte heißt nicht »Friede, Freude, Eierkuchen«. Sondern fördern und fordern!

Der Weg – Position 2 – Ihre bisherige bewusste Einstellung: Vernunft verwandelt unsere Güte oft in Berechnung.

Der Weg – Position 3 – Ihre bisherige emotionale Einstellung: Geben und Nehmen sollen sich die Waage halten.

Der Weg – Position 4 – Ihr bisheriges Verhalten nach außen: Aus Gewohnheit geht man mit einer bestimmten Freundlichkeit oder auch Grobheit durchs Leben.

Der Weg – Position 5 – Vorgeschlagene künftige bewusste Einstellung: Güte mit Gerechtigkeit, ohne Vorteilsnahme.

Der Weg – Position 6 – Vorgeschlagene künftige emotionale Einstellung: Tragen Sie zu einer Win-Win-Situation bei, wo jeder gewinnt.

Der Weg – Position 7 – Vorgeschlagenes künftiges Verhalten nach außen: Entwickeln Sie Ihre emotionale Intelligenz und probieren Sie neue Verhaltensweisen aus.

Das Wichtigste in Stichpunkten

Innere Harmonie, Güte, seelische Stärke und menschliche Größe.
Achtung vor persönlichen Verletzungen, vor rohen Gesten, Ärger, Gefühlsheuchelei.

Besonderer Hinweis

Manchmal können sich selbst diejenigen, die sich lieben, nicht verstehen. Chavakiah wird nicht traurig, wenn er mit bösen Taten oder lieblosen Dingen konfrontiert wird: Er wird vorsichtig und schaltet mit Entschlossenheit und Güte. Man muss seinen Beistand suchen, wenn alles grau erscheint. Er findet den Weg zur Güte, ohne neue Opfer oder neue Verletzungen zu schaffen.

Wenn Sie mit Chavakiah in Verbindung stehen, erkennen Sie den Wert von Frieden, Fairness und Gerechtigkeit, auch wenn dies einmal gegen ihre kurzfristigen Interessen gehen sollte.

Das könnten Sie tun

Üben Sie, bereits »beim Erwachen daran zu denken, ob man nicht wenigstens einem Menschen an diesem Tag eine Freude machen könnte« (Friedrich Wilhelm Nietzsche).

Affirmation / Gebet

Ehrlich währt am längsten.

30. Assaliah

Hilfe durch Sanftheit

»Gott ist stärker«

Assaliah, auch Asaliah genannt, ist der Engel der verbindenden Liebe, der Gegenwart und der Ewigkeit Gottes.

Assaliah hilft dabei, innere und äußere Vorgänge zu begreifen, gibt seelische Ruhe und schützt vor Ärgernissen.

Die Menschen sollen Gott dienen, aber nicht anderen Menschen untertan sein! Dieses Wissen, diese einfache Tatsache macht uns Assaliah bewusst.

Wir gewinnen diese sanfte, aber bestimmte Macht, gottlose Zumutungen zurückzuweisen und uns für würdige, liebevolle Ziele mit Nachdruck zu engagieren.

Hilfe durch Sanftheit

Als Tageskarte: Wie ein Kind sich wieder für die Schöpfung begeistern können!

Der Weg – Position 1 – Darum geht es: Sie sind doch nicht wie der Hamster im Rad! Widmen Sie ihr Leben würdigen Zielen!

Der Weg – Position 2 – Ihre bisherige bewusste Einstellung: »Wie du mir, so ich dir!«

Der Weg – Position 3 – Ihre bisherige emotionale Einstellung: Wer liebt, muss auch Opfer bringen!

Der Weg – Position 4 – Ihr bisheriges Verhalten nach außen: Fortlaufend bewerten wir unsere Mitmenschen.

Der Weg – Position 5 – Vorgeschlagene künftige bewusste Einstellung: »Auge um Auge – und die ganze Welt wird blind sein« (Mahatma Gandhi).

Der Weg – Position 6 – Vorgeschlagene künftige emotionale Einstellung: »Wenn es verletzt, ist es keine Liebe« (Chuck Spezzano).

Der Weg – Position 7 – Vorgeschlagenes künftiges Verhalten nach außen: Ein Verzicht auf vorschnelle Beurteilung lässt mehr Möglichkeiten zu und mehr Menschen zu ihrem Recht kommen.

Das Wichtigste in Stichpunkten

Spiritueller oder materieller Fortschritt, Respekt vor der natürlichen Ordnung, kosmische Intelligenz, persönlicher Weg. Achtung vor Problemen aus früheren Irrtümern, Frömmelei, Schwindel und Betrug.

Besonderer Hinweis

Assaliah flößt sowohl körperliche als auch moralische Kraft ein: Er ist selbst in schwierigen Momenten in der Lage, die Kraft zu schenken, um bei Gott zu bleiben und über Ängste und Lieblosigkeiten zu triumphieren. Auch wenn sich die Überwindung von Hindernissen schwieriger als angenommen herausstellen könnte, ist es wichtig, nicht den Mut zu verlieren.

Wenn Sie mit Assaliah in Verbindung stehen, haben Sie die Fähigkeit, alles in Sanftheit zu verwandeln. Sanftheit heißt nicht Harmlosigkeit, sondern bewusste Hingabe an Gott und das, was größer ist als wir.

Das könnten Sie tun

Auf sanfte Art voller Kraft sein – das gelingt, wenn Sie alle Energien bündeln, alle Stärken und Schwächen respektieren!

Affirmation/Gebet

Ich diene würdigen, liebevollen Zielen.

31. UZZIEL

HILFE ALS HEIMAT

»Das Auge Gottes«

Der Engel Uzziel, auch Usiel genannt, gilt als Herrscher über die vier Winde.

Wenn wir Uzziel darum bitten, uns mit Vertrauen zu segnen, wird unser spirituelles Wachstum beschleunigt und unser Geist mit Freude erfüllt.

»Der liebe Gott sieht alles« – oder knapper – »Gott sieht alles«: dieser Spruch ist oft zitiert und oft belächelt worden.

Manche haben daraus eine Schreckensvision gemacht. »Big brother is watching you«, so als gebe es damit nur Kontrolle, eine permanente Beobachtung und ein ständiges schlechtes Gewissen. Aber das ist menschliche Diktatur, keine göttliche Liebe.

Tatsächlich ist mit diesem Spruch etwas anderes gemeint: Nichts und niemand geht bei Gott verloren. Alle Wünsche können erhört und alle Ängste können aufgehoben werden.

Gott ist gnädig und er ist immer bei uns.

Gott ist unsere Heimat.

Hilfe als Heimat

Als Tageskarte: »Heimat ist weniger eine Herkunft als eine Zukunft – ein Zuhause, in dem nichts Wesentliches mehr fehlt« (Johannes Fiebig).

Der Weg – Position 1 – Darum geht es: Jeder kann in seinem Bereich die Welt wohnlicher und wirtlicher machen.

Der Weg – Position 2 – Ihre bisherige bewusste Einstellung: Es gibt nichts wirklich Perfektes.

Der Weg – Position 3 – Ihre bisherige emotionale Einstellung: Die schönen Tage der Kindheit erscheinen wie ein Paradies.

Der Weg – Position 4 – Ihr bisheriges Verhalten nach außen: Zunächst fühlt man sich nur in einem kleinen Rahmen zu Hause – in der Familie, einer Szene, einem Beruf …

Der Weg – Position 5 – Vorgeschlagene künftige bewusste Einstellung: »Gott kennt keinen Mangel, gib ihm den deinen« (Dorothee Sölle).

Der Weg – Position 6 – Vorgeschlagene künftige emotionale Einstellung: Die schönen Tage der Kindheit sind ein Versprechen auf die Chancen des Erwachsenenlebens.

Der Weg – Position 7 – Vorgeschlagenes künftiges Verhalten nach außen: Je mehr wir unser Dasein bei »Gott« und in der Welt verstehen, um so leichter finden wir überall Heimat!

Das Wichtigste in Stichpunkten

Stärke, Unerschrockenheit, Disziplin.
Achtung vor Verzögerung, Aufschub.

Besonderer Hinweis

Uzziel spornt zu Treue und Nächstenliebe an. Er gibt uns ein Bewusst-sein bezüglich der eigenen Verdienste und unterstützt uns, die Freude, unserem Nächsten zu helfen, zu genießen.
Es braucht sicherlich seine Zeit, bis man die Unterstützung oder die Solidarität der anderen gewinnen kann.
Doch mit Uzziels Beistand lieben wir nicht, weil wir die »Bezahlung« oder eine Rückvergütung unserer Liebe erwarten. Sondern deshalb, weil wir soviel Liebe in uns haben und weil es besser ist, mit Liebe als ohne Liebe zu leben. Die Freude am Dasein.

Das könnten Sie tun

Nehmen Sie heute jemanden bei sich auf – in Ihrer Wohnung oder in Ihrem Herzen.

Affirmation/Gebet

Ich liebe, weil ich soviel Liebe zu geben habe.

32. ZADKIEL

HILFE BEI DER VOLLENDUNG

»Wohlwollen Gottes«

Der Engel Zadkiel steht für Trost, Ermunterung und Bestätigung, Entfaltung und Vergebung.

Er wacht über die Mächte der Anrufung. Die am besten bekannte und die mächtigste Form der Anrufung ist das Gebet.

Zadkiel entzündet auch den Wunsch nach spiritueller Entwicklung unter den Menschen.

Er ist der Engel des Wachsens, des Sich-Entfaltens und der Vollendung.

Alles was geschaffen wurde, trägt eine ideale Form in sich, folgt einem göttlichen Plan.

»So wie aus einem Amethyst ein Citrin entsteht, so wie unter geeigneten Bedingungen aus Kohle Diamanten werden, so bringt er jedes Sein zur Vollendung der Form und öffnet die Möglichkeit, in eine andere Form hineinzugehen« (Petra Schneider).

Hilfe bei der Vollendung

Als Tageskarte: Die Menschen sind wie Berge: Es gibt Dreitausender und Achttausender, jeder reicht in den Himmel. Es ist entscheidend, dass man seinen persönlichen Gipfel erreicht.

Der Weg – Position 1 – Darum geht es: Die Entfaltung eines Talents erfordert die Meisterung von bisher unbekannten und ungelösten Aufgaben.

Der Weg – Position 2 – Ihre bisherige bewusste Einstellung: Durch Kontrolle und Perfektion versuchen wir eine möglichst hohe Vollendung zu erreichen.

Der Weg – Position 3 – Ihre bisherige emotionale Einstellung: Eifer, Zorn oder Sorge treiben uns an.

Der Weg – Position 4 – Ihr bisheriges Verhalten nach außen: Man versucht, die anderen für seinen eigenen Weg zu überzeugen.

Der Weg – Position 5 – Vorgeschlagene künftige bewusste Einstellung: Auch das Loslassen bringt uns die Vollendung.

Der Weg – Position 6 – Vorgeschlagene künftige emotionale Einstellung: Die großen Schritte zur Vollendung tun wir durch die Überwindung von Eifer, Zorn und Sorge.

Der Weg – Position 7 – Vorgeschlagenes künftiges Verhalten nach außen: »Das Glück besteht darin, zu leben wie alle Welt und doch zu sein wie kein anderer« (Simone de Beauvoir).

Das Wichtigste in Stichpunkten

Gebet, Trost, Ermunterung und Bestätigung, Vertrauenswürdigkeit, Hilfsbereitschaft, Großzügigkeit.
Achtung vor Trägheit, Unvorsichtigkeit, Kleinlichkeit.

Besonderer Hinweis

Er ist ein Engel der Größe und der Bescheidenheit: Wer seine Macht gewinnt, braucht nichts zu fürchten.

Um geliebt zu werden und zu lieben, muss man auf übertriebenen Stolz verzichten.

Aufzuhören, bevor man sein Talent verwirklicht hat, wäre lieblos. Gott will, dass wir uns und möglichst vielen Menschen Sicherheit, Wohlbehagen und Freude schenken.

Das könnten Sie tun

Gehen Sie aufs Ganze!

Affirmation/Gebet

Ich erforsche meine Talente und nutze damit
so vielen Menschen wie möglich.

O Mensch, lerne tanzen

»Einer, der uns nüchtern nach unserem Woher und Wohin
fragt und uns sehr gegen unseren Willen dahin zurückschickt,
wo wir eben davonlaufen wollten, kann ein Bote Gottes,
ein Engel sein.«
(Sören Kierkegaard)

»So sehr verlangen wir manchmal, Engel zu werden, dass wir
vergessen, gute Menschen zu sein.«
(Franz von Sales)

»Er hat seinen Engeln befohlen,
dass sie dich behüten auf allen deinen Wegen,
dass sie dich auf den Händen tragen
und du deinen Fuß nicht an einen Stein stößt.«
(Psalm 91,11.12)

»O Mensch, lerne tanzen.
Sonst wissen die Engel im Himmel
mit dir nichts anzufangen.«
(Aurelius Augustinus)

LITERATURHINWEISE

Diana Cooper: Engel-Karten. München 2001 (Ansata-Verlag)

A. M. Fröhlich (Hg.): Engel – Engel. Texte aus der Weltliteratur. Zürich 1991 (Manesse Bibliothek der Weltliteratur)

Anselm Grün: 50 Engel für die Seele. Freiburg 2000 (Herder Verlag)

Heinrich Krauss: Kleines Lexikon der Engel. München 2001 (Verlag C.H. Beck)

Michaela Merten / Edita Glavurtic: Engel lieben dich. 49 Botschaften unserer himmlischen Freunde. Krummwisch 2008 (Königsfurt-Urania Verlag)

Petra Schneider / Gerhard K. Pieroth: Engel begleiten uns. Aitrang 1999 (Windpferd Verlag)

Pia Schneider: Engelhelfer. Krummwisch 2004, 2007 (Königsfurt-Urania Verlag) Das Kapitel »Die Befragung des Engel-Orakels« (in diesem Buch S. 10 ff.) wurde mit freundlicher Genehmigung diesem Buch von Pia Schneider entnommen.

Pia Schneider: Engel-Orakel. Liebe, Glück, Erfolg. Krummwisch 2006 (Königsfurt-Urania Verlag)

Pia Schneider / Richard Witthüser: Ein Engel für dich. Liebe, Glück, Erfolg. Krummwisch 2006 (Königsfurt-Urania Verlag)

Irmtraud Tarr-Krüger: Schutzengel. Boten aus dem Raum der Seele. Freiburg 1999 (Herder Verlag)

Andy Warhol: Engel, Engel, Engel. Weingarten 2001 (Weingarten Kunstverlag)

Uwe Wolff: Die Wiederkehr der Engel. Boten zwischen New Age, Dichtung und Theologie. Stuttgart 1991 (EZW-Texte, Impulse Nr. 32)

Uwe Wolff: Das große Buch der Engel. Freiburg 1994 (Herder Verlag)

Selbstverpflichtung zur Qualitätssicherung in Beratung und Lebenshilfe

»Das Kartenlegen mit Symbol- und Wahrsagekarten ist ein von Generationen geprägtes, vielschichtiges Erkenntnisinstrument. Ich bin mir daher bewusst, dass über meine Deutungen hinaus stets noch weitere Aussagen und Aspekte in der Bildersprache der Karten liegen.

Ich weiß, dass die Kartenbilder ein Symbolsystem mit einem weiten Spektrum darstellen, bei dem das Thema jeder einzelnen Karte in förderlicher oder problematischer Weise ge- und erlebt werden kann. Deshalb verzichte ich auf plakative Rezeptdeutungen und bewerte keine Karte als einseitig gut oder schlecht. Ich verzichte auch auf Aussagen, die als unausweichliches Schicksal verstanden werden können. Vielmehr bin ich bestrebt, jedem Ratsuchenden Entwicklungsmöglichkeiten aufzuzeigen und sein eigenverantwortliches Handeln zu stärken.

Meine Aussagen gründen auf der Deutung der Symbol- und Wahrsagekarten; sollte ich für bestimmte Fragen andere Erkenntnismittel einsetzen, so lege ich dies gegenüber den Fragenden offen.

Ich verpflichte mich, Kenntnisse aus den Beratungen weder an Dritte weiterzugeben, noch zum persönlichen Vorteil zu nutzen. In rechtlichen, finanziellen, medizinischen und psychologischen Fragen, für die ich keine Qualifikation habe, empfehle ich dem Ratsuchenden, sich professionelle Hilfe zu suchen. Unethische Fragestellungen und abwertende Aussagen, insbesondere über abwesende Dritte, lehne ich ab. Auch im Falle einer Erziehungsberatung werde ich die Intimsphäre des Kindes achten und gebührend respektieren.

Ich weiß, dass meine Deutungen stets subjektiv sind und berate den Ratsuchenden deshalb so, dass er sich seiner Eigenverantwortung jederzeit bewusst ist.«

Ehrenkodex des Ersten Deutschen Tarotverbands (Tarot e.V.), umformuliert auf das Kartenlegen allgemein. Der Königsfurt-Urania Verlag ist Partnerverlag des Tarotverbands und unterstützt diesen Ehrenkodex. Weitere Informationen unter www.tarotverband.de

BIBLIOTHEK DER ORAKEL

Jeder Band besteht aus einer dekorativen Box mit Gold- oder Silberdruck.
Enthalten ist jeweils 1 Buch (farbig) und 1 hochwertiges Non-Book (z. B. Karten oder Pendel).

Große Themen – namhafte Autoren

Pia Schneider / Stella Bernheim
KIPPER
Illustrierte und erweiterte Neuausgabe
Buch und Original-Kipperkarten
ISBN 978-3-86826-725-9

Pia Schneider / Ruth Kendell
ENGEL
Illustrierte und erweiterte Neuausgabe
Buch und Engel-Karten
ISBN 978-3-86826-726-6

Rachel Pollack
TAROT
Deutsche Erstausgabe
Buch und Waite-Tarotkarten
ISBN 978-3-86826-727-3

Ingrid Kraaz von Rohr / Susanne Peymann
PENDEL
Originalausgabe
Buch und schönes Messingpendel
ISBN 978-3-86826-728-0

Katrin Rosali Giza / Susanne Schöfer
LENORMAND
Originalausgabe
Buch und Lenormand-Karten
ISBN 978-3-86826-729-7

Edred Thorsson
RUNEN
Illustrierte und erweiterte Neuausgabe
Buch und 24 Buchenholz-Runen
ISBN 978-3-86826-730-3

Sabine Lechleuthner
TRAUM-DEUTUNG
Buch und Traum-Tagebuch
ISBN 978-3-86826-731-0

Alle 7 Bände zusammen (mit Preisvorteil)
ISBN 978-3-86826-735-8

»Liebe · Glück · Erfolg« – Bestseller à la Carte

**Johannes Fiebig/
Evelin Bürger**
Tarot – Liebe, Glück, Erfolg
Set Sonderausgabe: Buch PB, durchgängig farbig,
96 S. + 78 Tarot-Karten von A. E. Waite
im Miniformat,
ISBN 978-3-89875-754-6
Buch: ISBN 978-3-89875-830-7

**Johannes Fiebig/
Evelin Bürger**
Crowley Tarot – Liebe, Glück, Erfolg
Set Sonderausgabe: Buch PB, durchgängig farbig,
96 S. + 78 Tarot-Karten von A. Crowley in Pocketgröße,
ISBN 978-3-89875-777-5
Buch: ISBN 978-3-89875-802-4

Harald Jösten
Lenormand – Liebe, Glück, Erfolg
Set Sonderausgabe: Buch PB, durchgängig farbig,
96 S. + 36 Lenormand-Karten mit Versen,
ISBN 978-3-89875-778-2
Buch: ISBN 978-3-89875-803-1

Pia Schneider
Kipper Orakel-Karten – Liebe, Glück, Erfolg
Set Sonderausgabe: Buch PB, durchgängig farbig, 96 S.
+ 36 Kipper-Karten, ISBN 978-3-89875-857-4
Buch: ISBN 978-3-89875-864-2

Kirsten Kretschmer/ROE
Zigeuner Orakel – Liebe, Glück, Erfolg
Set Sonderausgabe: Buch PB, durchgängig farbig, 96 S.
+ 36 Zigeuner-Orakelkarten, ISBN 978-3-89875-878-9
Buch: ISBN 978-3-89875-879-6

»Liebe · Glück · Erfolg« – Bestseller à la Carte

Susanne Peymann
Pendel – Liebe, Glück, Erfolg
Set Sonderausgabe: Buch PB, durchgängig farbig,
48 S. + 8 farbige Pendeltafeln 21,5 x 28 cm
+ Messingpendel 18 g,
ISBN 978-3-89875-834-5

Pia Schneider
Engel Orakel – Liebe, Glück, Erfolg
Set Sonderausgabe: Buch PB, durchgängig farbig,
96 S. + 32 klassische Engelkarten,
ISBN 978-3-89875-832-1
Buch: ISBN 978-3-89875-833-8

Pia Schneider/Richard Witthüser
Ein Engel für dich Orakel – Liebe,
Glück, Erfolg
Set Sonderausgabe: Buch PB, durchgängig farbig,
96 S. + 32 Engelkarten im Manga-Stil von Richard
Witthüser, ISBN 978-3-89875-858-1
Buch: ISBN 978-3-89875-865-9

Pia Schneider
Engelhelfer Orakel – Liebe, Glück, Erfolg
Set Sonderausgabe: Buch PB, durchgängig farbig, 96 S.
+ 32 Engelkarten „Sibylle der Engel", ISBN 978-3-89875-880-2
Buch: ISBN 978-3-89875-881-9

Pia Schneider
Liebes-Orakel – Liebe, Glück, Erfolg
Set Sonderausgabe: Buch PB, durchgängig farbig, 96 S.
+ 54 Künstler-Spielkarten „Die Liebenden", ISBN 978-3-89875-776-8

Himmlische Orakel von Doreen Virtue

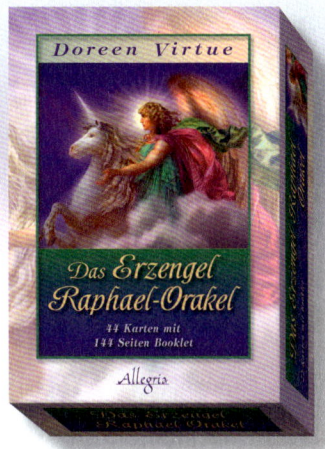

Das Erzengel Raphael-Orakel
44 Karten mit Anleitungsbuch.
€ 19,95 [D], € 20,60 [A], sFr 33,90
ISBN 9783793422037

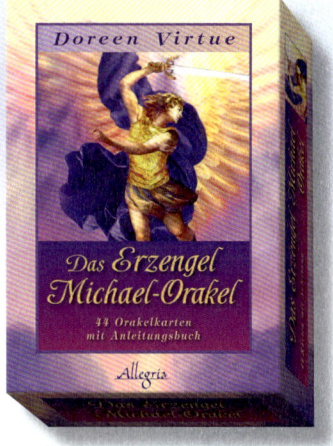

Das Erzengel-Michael Orakel
44 Orakelkarten mit Anleitungsbuch
€ 19,95 [D], € 20,60 [A], sFr 33,90
ISBN 9783793421849

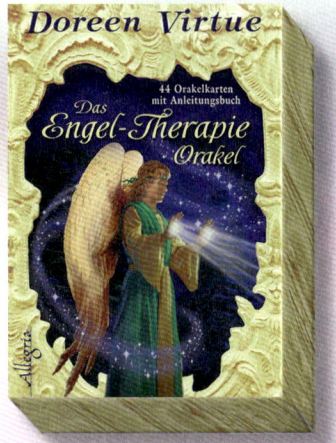

Das Engel-Therapie-Orakel
44 Karten mit Anleitungsbuch
€ 19,95 [D], € 20,60 [A], sFr 33,90
ISBN 9783793421719

Das magische Orakel der Feen
44 Karten mit Anleitungsbuch
€ 19,95 [D], € 20,60 [A], sFr 33,90
ISBN 9783793421313

Allegria